幼儿园健康体育课程

教师指导用书

小班

主 编

赵 锐

编 委

洪 悦 阮 珏 王锦萍 崔 洁 高方星

南京师范大学出版社

图书在版编目(CIP)数据

幼儿园健康体育课程. 教师指导用书 小班 / 赵锐主编. —南京：南京师范大学出版社，2023.12
ISBN 978 - 7 - 5651 - 5830 - 8

Ⅰ. ①幼… Ⅱ. ①赵… Ⅲ. ①健康教育－学前教育－教学参考资料②体育课－学前教育－教学参考资料 Ⅳ.
①G613

中国国家版本馆 CIP 数据核字(2023)第 149438 号

书　　名	幼儿园健康体育课程·教师指导用书·小班
主　　编	赵　锐
项目策划	张　鹏
责任编辑	吴曼丽
出版发行	南京师范大学出版社
地　　址	江苏省南京市玄武区后宰门西村 9 号(邮编:210016)
电　　话	(025)83598919(总编办)　83598412(营销部)　83598312(邮购部)
网　　址	http://press.njnu.edu.cn
电子信箱	nspzbb@njnu.edu.cn
照　　排	南京开卷文化传媒有限公司
印　　刷	江苏凤凰扬州鑫华印刷有限公司
开　　本	880 毫米×1230 毫米　1/16
印　　张	11.75
字　　数	307 千
版　　次	2023 年 12 月第 1 版
印　　次	2023 年 12 月第 1 次印刷
书　　号	ISBN 978 - 7 - 5651 - 5830 - 8
定　　价	42.00 元

出 版 人　张　鹏

目　录

附赠精彩活动视频

理论篇

实　践　篇

◎ 下学期

第二节 集体教学活动

第三节　经典体育游戏

第四节　亲子体育游戏

◯ 下学期

理论篇

"健康体育"既是课程的名称,也是课程的核心概念。这里的"健康体育"并不仅仅指健康领域下的体育活动,而是包含了多领域的整合。例如,发展幼儿辨识左右的能力,属于科学领域的内容;发展合作、交往的能力,属于社会领域的内容;发展幼儿语言表达的能力,属于语言领域的内容;等等。

　　"健康体育"以幼儿身心发展规律为基本原则,以终身健康和终身体育为旨归。幼儿园体育活动是幼儿园教育活动中的多类型活动集合,贯穿于幼儿一日生活、学习和游戏中,是幼儿园为促进幼儿"终身健康"发展而开展的系列活动。"健康体育"主要观照的理念是终身健康和终身体育。

一、"健康体育"追求幼儿的终身健康

　　联合国教科文组织对健康的最新定义中将健康的状态分为四个方面,即"四维健康":身体健康、心理健康、社会适应和道德健康。因此,"健康体育"整合了"四维健康"的多方面内容。终身健康不仅仅指在当下处于健康状态,也指当下的行为和状态能促进未来也保持健康的状态。在人的生长发育期,尤其是儿童早期的启蒙阶段,让幼儿保持健康、少生病、生长发育良好,将为其终身健康打下良好的基础,这是终身健康的重要内容。而当下的行为具备健康科学性,有利于保障未来的健康状态,也是终身健康的关键内容。幼儿园通过开展各类体育活动促进幼儿当下健康发展的同时,以健康的视角关注活动内容和实施手段的科学性,既不能让幼儿缺乏运动,也不让幼儿"过度运动",避免违背幼儿身心发展的自然规律,而影响其未来的健康发展。因此,"健康体育"除了关注幼儿当下的健康,也关注幼儿未来的健康。

二、"健康体育"遵循终身体育价值追求

　　顾名思义,终身体育,强调人的一生都应参与体育运动。终身体育的概念产生于 20 世纪 60 年代,是对体育运动本真意义的扩大和延伸。终身体育就是让个体在一生中获得身心愉悦、身体健康的体育活动。终身体育是用人人参与、持续不断取代运动员体育、青少年体育的人本主义理念。个体在不同年龄阶段的追求不同,幼儿阶段更多的是游戏性,青少年阶段会涉及竞争性,成人阶段关注社交性,老年阶段重视健康性。"健康体育"追求幼儿终身体育的发展:打好身体基础、掌握体育知识技能、培养运动兴趣和锻炼的习惯、培养自我体育意识。

三、"健康体育"关注幼儿基本动作的发展

　　所谓动作,即由身体或肢体运动产生的指向目标的运动。对于学前儿童,需要重点发展的是其中的基本动作,即人们在日常生活和社会实践活动中所必需的、最基本的身体运动的技能。例如,走、跑、跳跃、投掷、攀登、钻爬、滚翻等动作。这些基本动作的发展通常是参与包含这些动作技能的活动实现的。例如,走就是一种人类自然形成的动作技能,在婴幼儿阶段,幼儿就通过学习和重复的练习掌握了这种对于他们而言具有新意但已固有的运动方式。进入幼儿园后,幼儿又会参与更加系统的包含走动作的各种活动,在活动中获得更进一步的发展。学前儿童参与基本动作的练习

活动,既实现基本动作的发展,也通过动作练习促进身体素质的发展,为更好地适应社会生活创造有利的条件。

四、"健康体育"遵循人类动作发展的基本规律

人的基本动作都是不断发展的,根据"人类动作发展观",幼儿基本动作的发展既不是以 3 岁入园作为发展的开始,也不是以 6 岁入小学作为发展的成熟。人的动作的发展是一生的过程。有些动作从个体出生至婴幼儿时期就开始发展,在年老时又有了新的发展。有些动作在幼儿园阶段已经发展成熟,而有些动作在幼儿园阶段仍达不到成熟。因此,要始终将幼儿的动作发展视作一个持续的终生性的过程。"人类动作发展"是一个研究"人类一生中动作行为的变化、构成这些变化的基础的过程以及影响它们的因素"的学术领域。它从人类动作发展的视角去理解、观察、分析和研究幼儿的身体活动,既可以承接学龄前动作发展的进程,也为学龄期后健康的终身身体活动和生活方式打下基础。关于人的动作发展有几个重要的观点:① 发展和成熟:动作的不断发展,受年龄影响,但不由年龄决定,练习对动作发展有积极作用。发展是个性化的,个体间差异很普遍,同龄幼儿有的动作发展水平很高,而有的可能发展不成熟。成熟是人类动作发展的一部分,是指动作发展阶段中功能的质的变化。动作的发展,总是从不成熟发展为成熟,不同阶段技能模式不同。② 技能序列:动作技能存在序列,总是从一个阶段发展至下一个阶段,每个阶段的技能模式是上一个阶段的质变,而序列年龄不完全对应学段划分。③ 错误修正:将幼儿的动作与成人进行比较,认为年幼者的动作表现"错误"或"差",表明尚未采用发展的视角,被称为"错误修正",是不提倡的。以发展的眼光分析幼儿当下的动作表现才是科学的。例如单脚跳,幼儿通常发展至水平 1—3,成人通常是成熟的水平 4。不能要求幼儿达到水平 4 的动作技能水平,更不能由此评价幼儿单脚跳动作错误。④ 影响基本动作发展的六大因素:动作质量、动作发展的顺序、动作的积累、动作发展的方向、动作的多元因素和动作发展的个体差异。幼儿的基本动作发展绝不仅仅是单一因素所产生的结果,而是多种因素共同作用的结果。这与幼儿的遗传基因、先前经验、接受体育教育的质量、身体形态和心理因素等有密切的联系。个体会在其儿童早期,大约 3—8 周岁,形成多种基本动作技能的基础。这些基本动作技能的基础将使幼儿在动作反应中有更多的选择,为他们的动作表现提供更大的自由度(见表 1)。例如,当一名幼儿有很多机会在原地或运动中踢大小和重量各异的物体,并且这些物体既有运动的也有静止的,那么他将建立一系列动作模型并将胜任更多特定任务。幼儿坚持不断地练习,一旦储备了不同动作技能模式,当遇到更复杂的动作情况时,就能够依赖这些基本动作的动作技能做出反应,而这就是动作发展的过程。

表 1　幼儿基本动作技能模式发展阶段表

		3—4 岁		4—5 岁		5—6 岁
跑	男	**水平一:高位保护跑** 手臂——高位保护,脚扁平着地,小步子,两脚与肩同宽。 **水平二:中位保护跑** 手臂——中位保护,身体直立,腿接近完全伸展。	男	**水平四:手臂有力摆动** 脚跟—脚趾着地(疾跑时是脚前掌—脚跟着地),手臂与腿反向摆动,脚后跟大幅度动作,肘关节弯曲。	男	**水平四:手臂有力摆动** 脚跟—脚趾着地(疾跑时是脚前掌—脚跟着地),手臂与腿反向摆动,脚后跟大幅度动作,肘关节弯曲。
	女	**水平三:脚跟—脚趾手臂伸展** 手臂——低保护,手臂反向摆动,肘关节几乎完全伸展,脚跟—脚趾着地。	女	**水平三:脚跟—脚趾手臂伸展** 手臂——低保护,手臂反向摆动,肘关节几乎完全伸展,脚跟—脚趾着地。	女	
双脚跳	男	**水平一:手臂制动** 手臂动作像闸一样,过于垂直向上跳的动作,腿没有伸展。	男	**水平二:手臂摆动** 手臂如钟摆,垂直向上跳的动作依然很大,腿部接近完全伸展。	男	**水平三:手臂向头摆动** 起跳时,手臂向前移动,肘位于躯干的前面,手臂摆动至头,起跳角度依然大于 45 度,腿部经常完全伸展。
	女	**水平二:手臂摆动** 手臂如钟摆,垂直向上跳的动作依然很大,腿部接近完全伸展。	女		女	
纵跳	男	**水平一:缺乏高度** 准备姿势的蹲伏动作不协调连贯;起跳时身体没有伸展;缺乏双脚起跳的能力;缺乏一定的跃起高度。	男	**水平二:身体未完全伸展** 膝关节弯曲蹲伏角度超过 90 度;双脚起跳;身体没有完全伸展;手臂开始辅助用力和保持平衡;着地时缺乏平衡。	男	**水平三:有控制地落地** 膝关节弯曲蹲伏角度在 60 到 90 度之间;起跳时整个身体完全伸展;有控制地落地。
	女		女		女	
单脚跳	男	**水平一:摆动脚在体前** 非支撑腿的大腿置于身体前面,与地面成水平线的位置,身体垂直,手臂处于肩部位置。 **水平二:摆动脚在支撑腿的侧面**	男	**水平二:摆动脚在支撑腿的侧面** 非支撑腿的膝关节弯曲在前而使摆动脚后于支撑腿,身体稍微前倾,两侧手臂摆动,保持平衡。 **水平三:摆动脚落后于支撑腿**	男	**水平三:摆动脚落后于支撑腿** 非支撑腿直摆且摆动脚在支撑腿的后面,保持膝盖弯曲,身体有较大的前倾,两侧手臂上下摆动。 **水平四:摆动腿自由协调摆动**
	女	非支撑腿的膝关节弯曲在前而使摆动脚后于支撑腿,身体稍微前倾,两侧手臂摆动,保持平衡。	女	非支撑腿直摆且摆动脚在支撑腿的后面,保持膝盖弯曲,身体有较大的前倾幅度,两侧手臂摆动,保持平衡。	女	非摆动腿积极摆动,支撑腿完全伸展;手臂半相向,与摆动腿方向相反。
连续垫跳步	男		男	**水平一:不连贯的连续垫跳步** 不连贯或缺乏节奏,缓慢而勉强的动作,缺乏有效的手臂动作。	男	**水平二:手臂和腿高抬** 有节奏地连续垫跳步,手臂高抬帮助身体上升,过度的垂直提升动作。
	女		女		女	**水平三:有节奏地连续垫跳步** 臂部动作减少或者双手低于肩部,轻松有节奏的动作,单脚跳时支撑脚接近地面。
连续前滑跳步	男		男	**水平一:断续跑** 类似有节奏的不平衡跑;腾空阶段,后腿超过前腿并且着地时保持在前面。	男	**水平二:后腿僵硬** 速度缓慢,断续节奏,后腿僵硬;臀部常侧倾,垂直方向的动作夸张。
	女		女		女	**水平三:有节奏地连续前滑跳步** 流畅地、富有节奏地连续前滑跳步;适中的速度;脚距离地面近;髋部向前移动。

续 表

		3—4岁		4—5岁		5—6岁
接	男	**水平一：延迟反应** 手臂的延迟反应，手臂向前伸展，触球后，把球搂在胸前。	男	**水平三：捞球** 用胸触球，手臂前伸到球的下方，用胸将球抱住，可能移动一步接球。	男	**水平四：用手接球** 只用双手接球，原地或者迈出一小步。
	女	**水平二：抱球** 手臂先向两侧伸展，然后做一个弧线画圈动作，用胸将球抱住，原地或跨出一步。	女	**水平三：捞球** 用胸触球，手臂前伸到球的下方，用胸将球抱住，可能移动一步接球。 **水平四：用手接球** 只用双手接球，原地或者迈出一小步。	女	
踢（踢球）	男	**水平一：原地用脚推球** 一点点（没有）腿的摆动，原地站立，脚"推"球，踢球后（经常）后退。	男	**水平三：移动踢球** 腿以较低的弧度迈出，胳膊反向运动，踢球后向前或侧做后续迈步。	男	**水平三：移动踢球** 腿以较低的弧度迈出，胳膊反向运动，踢球后向前或侧做后续迈步。
	女	**水平二：原地腿摆动** 腿向后摆动，原地站立，手臂和腿反向摆动。	女	**水平二：原地腿摆动** 腿向后摆动，原地站立，手臂和腿反向摆动。	女	
挥击	男	**水平一："砍式挥击"** 用球棒将球砍出，双脚原地不动。 **水平二：推** 水平方向推/摆动，"组块"转体，双脚原地不动或者迈出一小步。	男	**水平三：同侧上步** 迈出同侧腿；斜向下挥动。	男	**水平三：同侧上步** 迈出同侧腿；斜向下挥动。
	女		女		女	
投掷	男	**水平一："砍"** 面向前方，手臂的砍切动作，下肢静态支撑，躯干无扭转。 **水平二：扔掷** 手臂上挥，扔掷，"组块"转体，后续动作手臂跨越身体。 **水平三：同侧跨步** 手臂高挥，同侧上步，躯干小幅度的扭转，后续动作手臂跨越身体。	男	**水平四：异侧跨步** 手臂高挥，异侧上步，躯干小幅度的扭转，后续动作手臂跨越身体。	男	**水平五：熟练者** 手臂向下后挥，异侧上步，分层次的转动，上肢和下肢的后续动作
	女	**水平一："砍"** 面向前方，手臂的砍切动作，下肢静态支撑，躯赶无扭转。 **水平二：扔掷** 手臂上挥，扔掷，"组块"转体，后续动作手臂跨越身体。	女	**水平三：同侧跨步** 手臂高挥，同侧上步，躯干小幅度的扭转，后续动作手臂跨越身体。	女	**水平四：异侧跨步** 手臂高挥，异侧上步，躯干小幅度的扭转，后续动作手臂跨越身体。
钻和爬	男	**水平一：不协调地钻爬** 钻时不能准确弯腰、紧缩身体；爬时动作缓慢、上下肢不协调，有同手同脚现象；匍匐爬行时常用蠕动或拱的方式。	男	**水平二：不同方式的钻爬** 会不同方式的钻爬；动作不够优化，距离掌握不准；爬行速度较快，可以熟练爬越较低障碍；可以协调匍匐爬行。	男	**水平三：钻爬动作快速** 准确判断障碍距离，钻洞时动作优化；手脚爬速度快、动作协调；钻爬中快速改变方向。
	女		女		女	
拍球	男	**水平一：无节律地拍动** 球离手后模仿动作；无节律地拍动；无法再次触及球面。 **水平二：持续性差** 球离手后再次触及球面若干次；拍动节律与球弹跳不能十分吻合；拍动发力不均衡；拍球持续性差，球往往越拍越低。	男	**水平三：球落点不稳定** 拍球有一定节律；拍球持续性增强；控制球落点不稳定，会追着拍球。 **水平四：原地拍球一定数量** 跟随球的弹起适当调整拍动节律；原地拍球有一定数量；能控制球落点相对稳定。	男	**水平五：控制球的方向** 手臂、手腕和手的高度协调；调整拍球节律和球回弹的高度、速度；持续定点拍球；控制球的运行方向。
	女		女		女	

续　表

		3—4 岁		4—5 岁		5—6 岁
身体平衡	男	**水平一:单腿站立提膝晃动** 提膝高度不足,上身晃动明显,手臂展开但无法形成有效平衡帮助,无法原地或保持原地平衡时间短。	男	**水平三:低平衡木小碎步** 行走速度较慢,小心翼翼,手臂保护微张,身体有晃动,步伐不自然,小碎步挪行,有失去平衡现象。	男	**水平五:跳转后失去平衡** 原地跳转时上身倾斜角度大,跳中手臂无法紧缩,落地手臂无法及时展开,落地时脚分开较大且前后不一致,身体有明显晃动,无法完成一周跳转。
	女	**水平二:自然姿态的单腿站立提膝** 提膝时大腿可基本平行于地面,上身晃动少,手臂可展开,也可自然下垂,保持平衡时间较长。	女	**水平四:低平衡木自然步态** 手臂可自然摆动,身体偶见晃动时手臂保护性微张,行走速度均匀、平稳,步伐较自然。	女	**水平六:完成跳转一周** 原地跳转中上身较直成整体,手臂紧缩,落地手臂微张形成保护,脚步可以做到基本合拢,身体晃动小,完成一周跳转。
手部精细动作	男	**水平一:拇指腹侧紧握勺子** 拇指腹和食指紧紧压住勺子,食指第一关节蜷握至掌心;四指成握拳,通过手腕和手臂调整勺子位置。	男	**水平三:剪刀式夹取** 采用侧边拇指、食指和中指握姿,两根筷子相互交叉,夹取物体。	男	**水平五:半全掌握笔画出三角形** 四指和拇指将笔围住,拇指和其他四指功能区别不清,通过临摹画出基本的几何图形。
	女	**水平二:类成人紧握** 拇指、食指和中指架成三脚架,协同操作勺子;利用手指和手腕调整勺子位置。	女	**水平四:钳子式夹取、夹断和转移** 靠近虎口筷子固定不动,通过拇指、食指和中指控制另一根筷子夹取物体,两根筷子相互平行,夹取、夹断和转移物体。	女	**水平六:动态三脚架式握笔画出菱形** 利用拇指、中指和食指,将手摆成三脚架形状,通过临摹画出基本的几何图形。

(注:本表部分内容参考《人类动作发展概论》)

　　关于基本动作技能发展的几个模型已经被广泛认可,泽费尔德(1980)提出的形似金字塔的模型是其中最早的模型之一,被称为"动作熟练度发展序列模型"(见图1)。在这个模型中,反射被视作所有动作技能发展的基础,而基本动作技能则是在反射的基础上发展而来的更广泛的动作技能。通常认为,除非个体的多种基本动作技能都得到基本的发展,否则他们的动作技能水平将难以发展到"金字塔"中的高级水平。因此,对于人一生的发展而言,学前儿童期是动作发展的重要时期,幼儿园应重

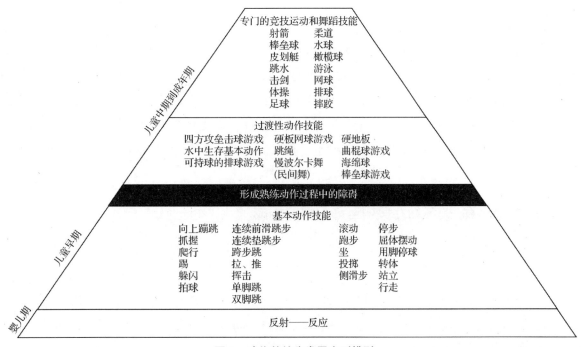

图 1　动作熟练度发展序列模型

视发展幼儿基本动作技能,为其终身的发展打下基础。在这一时期,坚持练习正是克服"形成熟练动作障碍"的有效途径。

五、"健康体育"强调幼儿自我保护能力的发展

自我保护能力在《幼儿园教育指导纲要(试行)》(以下简称《纲要》)的健康领域目标3被明确提出:知道必要的安全常识,学习保护自己。因此,对于幼儿园而言,幼儿的保护能力是从学习到逐步学会的进程,是保护自己而并不要求去保护他人。幼儿所能发展的保护能力就是如此。自我保护能力是关注生命教育的能力,我们不能用儿童发展差异的理由去回避能力的达成。但幼儿理应达到的水平是什么呢?"健康体育"首先强调"有序规划",即从小班开始,幼儿就在自主开放类活动中去发展自我保护能力,主要分为两个方面:健康运动能力和健康运动习惯。例如,在幼儿园的自主开放体育活动中,幼儿可能会进行什么游戏活动?看到台阶爬上去、跳下来;你追我赶和躲闪;在草地、操场上滚爬。《3—6岁儿童学习与发展指南》(以下简称《指南》)里提出:具备基本的安全知识和自我保护能力。3—4岁的幼儿应能在提醒下注意安全,不做危险的事。例如"四散追逐"。小班幼儿学习"跑直",可以在体育集体教学活动中学习"指定方向跑",在体育游戏活动中玩"跑线游戏"等;中班幼儿学习"变向跑",可以在体育集体教学活动中学习"绕障碍跑",在体育游戏活动中玩"老狼老狼几点了";大班幼儿学习"追逐躲闪",可以在体育集体教学活动中学习"追逐跑",在体育游戏活动中玩"猫捉老鼠"。"健康体育"提倡关于跑的能力可以适度加强,发展战术萌芽,如游戏"聪明的追者和逃者",让幼儿在游戏中学会观察、选择、判断,掌握追的技巧和躲的技巧。又如"高处跳下","健康体育"反对追求刺激的高难度,也反对让幼儿仅仅游玩而做不到自动化。一味求高,会让幼儿产生错误的认识,觉得自己可以从这么高的地方跳下来,却没想到那是在教师保护、器械保护的特定情况下,实际上他并不具备这种能力,从而造成自我保护能力的错误判断。只学不练,达不到自动化,难道让孩子在空中回忆动作?失败了会导致孩子受伤。简单来说,"有序规划"就是小班"教会",中班到大班"充分练习"。"健康体育"建议,不管哪个年龄段的晨间体育活动都设计"高处跳下"的内容,高度随年龄发展而增高。例如,小班15—20厘米,中班20—25厘米,大班25—30厘米。从高处跳下的专门游戏,器械不需要太高。幼儿在其他游戏里也会从更高的器械跳下,开展晨间体育活动是为了自动化动作的形成。再如"滚翻",滚翻动作与跌倒了自我保护休戚相关,动作发展好的幼儿摔倒了可能一个前滚翻缓冲,并不会受伤。缺乏自我保护能力的人,摔跤了用手撑极易受伤,如果手都不会支撑保护,那么更容易出现脸部着地受伤的结果。因此,"健康体育"会涉及"前滚翻""侧滚"等内容,锻炼幼儿的自我保护能力,如游戏"炸油条""滚麻团"等。

六、"健康体育"关注幼儿良好运动习惯的养成

"健康体育"除了关注健康运动能力的发展,还关注健康运动习惯的养成。例如运动着装,应该让幼儿养成运动时穿运动服的习惯;例如喝水,幼儿应了解运动前喝多少水,运动中能不能喝水,运动后怎么喝水;还有,运动热了要知道脱衣服等。这些内容,都是渗透在"健康体育"各类型体育活动中的。以运动时应穿运动服为例,"健康体育"建议从小班开始循序渐进。教师要以身示范,只要是开展体育活动,就穿上运动服和运动鞋。牛仔裤、休闲裤之类并不是合适的衣服。"健康体育"

认为，并非教师理解的不影响运动就是合适的运动着装，而应该是更加明确的运动服和运动鞋。规范的运动着装既利于高水平运动状态的展现，也利于运动中的自我保护，同时对运动氛围的营造也有帮助。教师身教胜于言传，这是一个习惯的养成。另外，运动热了脱衣服的习惯养成也是"健康体育"强调的。《指南》提出：5—6岁的幼儿知道根据冷暖增减衣服。小班教师帮助幼儿脱衣服，中班教师提醒幼儿脱衣服，大班幼儿自己要求脱衣服。在冬季运动中，教师刻意穿上便于脱的衣服，如羽绒背心。教师带幼儿出去运动时，不是先脱了衣服出去，而是在准备活动之后刻意和幼儿一起脱。示范能促进习惯的养成。如果运动时出汗、运动后捂汗，幼儿容易受凉生病。运动是为了健康，我们应避免不正确的运动习惯导致生病。良好的运动习惯是需要幼儿在各种体育活动中逐渐养成的。

七、"健康体育"关注体育的幼小衔接

根据"技能序列"的发展规律，部分动作理应在幼儿园阶段发展成熟，如"跑动作"的发展。因此，"健康体育"重视幼儿跑动作的发展，让幼儿在大班毕业时能达到成熟的发展水平。而有些动作在入小学时尚未发展成熟，如"踢球"。"健康体育"尊重动作发展规律，追求动作充分发展，但不一味求高。"健康体育"也遵循幼儿动作发展的性别差异，例如"投掷"动作，男生的发展明显领先于女生。"健康体育"的投掷活动更多建议层次分组、自主选择难度。同时，"健康体育"根据"人类动作发展"理论，认为0—5/7岁属于"动作唤醒"的窗口期，"幼小衔接"中幼儿动作发展应强调动作的基础性，即关注"动作大样"优于关注"技术细节"。例如投掷动作中的"肩上屈肘动作"是"动作大样"，而如何持球就是"技术细节"；跳绳中连续摇绳跳跃过绳子是"动作大样"，"手腕摇绳"就是"技术细节"。"健康体育"强调，在幼儿园应提供多样的运动场景，以满足幼儿多种动作练习的需求，促进幼儿逐渐发展出更多的复杂动作和"技术细节"。同时，"健康体育"也建议在幼儿园就让幼儿能熟练掌握、非常喜爱和擅长体育游戏，这利于幼儿在进入小学后"课间十分钟"进行安全活动。例如，徒手体育游戏；在走廊可以开展的游戏，"跳房子""跳线""占点子"等；非接触的对抗游戏，"石头剪刀布""人枪虎"等；合作类游戏，分组、协商、轮流等。

八、"健康体育"建议开展特色体育内容

幼儿园的体育活动内容主体由基本动作构成，这保障了幼儿基本动作能力的发展。除了这些基本动作的内容之外，还有一些过渡性技能或类似"项目"的专门性体育内容。例如，小篮球、幼儿足球、趣味田径、幼儿轮滑、武术舞蹈等。幼儿的体育能力发展存在差异性，总会有部分幼儿拥有较高的身体运动智能，也总会存在不同的幼儿对不同类型的体育内容有各自不同的兴趣和优势。同时，在终身体育的观念中，帮助人们寻找到一个感兴趣并能终身参与的运动项目很重要。因此，"健康体育"建议幼儿园开展一些以俱乐部或社团方式组织的特色体育活动。但需要注意的是，这些类似"项目"的体育活动的开展，必须顺应幼儿身心发展的规律，即便针对个别幼儿难度有所提高，也应该尊重体育的科学性。特色体育既不能硬性面向全园幼儿"一刀切"地开展，也不能将高龄段的技能、负荷和强度，生搬硬套到幼儿园开展。

九、"健康体育"整合幼儿多领域的发展

幼儿园一日活动的组织常按照领域分类进行，尤其是集体教学活动。但从课程整合和渗透的观

念来看,幼儿总是全面整合地发展,幼儿本身并不需要理解不同领域的区别。"健康体育"并不是传统意义上,将体育活动归类于健康领域下的体育活动,而是用体育的形式开展活动,以健康领域为主线,整合多领域的经验发展需要,促进幼儿全面的发展。

表 2   各年龄段幼儿发展目标指向

领域	3—4 岁	4—5 岁	5—6 岁
健康	在提醒下能自然坐直、站直。	在提醒下能保持正确的站、坐和行走姿势。	经常保持正确的站、坐和行走姿势。
	1. 情绪比较稳定,很少因一点小事哭闹不止。 2. 能在较热或较冷的户外环境中活动。	1. 经常保持愉快的情绪,不高兴时能较快缓解。 2. 有比较强烈的情绪反应时,能在成人的提醒下逐渐平静下来。 3. 愿意把自己的情绪告诉亲近的人,一起分享快乐或求得安慰。 4. 能在较热或较冷的户外环境中连续活动半小时左右。	1. 经常保持愉快的情绪。知道引起自己某种情绪的原因,并努力缓解。 2. 能随着活动的需要转换情绪和注意。 3. 能在较热或较冷的户外环境中连续活动半小时以上。 4. 天气变化时较少感冒,能适应车、船等交通工具造成的轻微颠簸。
	1. 能沿地面直线或在较窄的低矮物体上走一段距离。 2. 能双脚灵活交替上下楼梯。 3. 能身体平稳地双脚连续向前跳。 4. 分散跑时能躲避他人的碰撞。 5. 能双手向上抛球。	1. 能在较窄的低矮物体上平稳走一段距离。 2. 能以匍匐、膝盖悬空等多种方式钻爬。 3. 能助跑跨跳过一定距离,或助跑跨跳过一定高度的物体。 4. 能与他人玩追逐、躲闪跑的游戏。 5. 能连续自抛自接球。	1. 能在斜坡、荡桥和有一定间隔的物体上较平稳地行走。 2. 能以手脚并用的方式安全地爬攀登架、网等。 3. 能连续跳绳。 4. 能躲避他人滚过来的球或扔过来的沙包。 5. 能连续拍球。
	1. 能双手抓杠悬空吊起 10 秒左右。 2. 能单手将沙包向前投掷 2 米左右。 3. 能单脚连续向前跳 2 米左右。 4. 能快跑 15 米左右。 5. 能行走 1 公里左右(途中可适当停歇)。	1. 能双手抓杠悬空吊起 15 秒左右。 2. 能单手将沙包向前投掷 4 米左右。 3. 能单脚连续向前跳 5 米左右。 4. 能快跑 20 米左右。 5. 能连续行走 1.5 公里左右(途中可适当停歇)。	1. 能双手抓杠悬空吊起 20 秒左右。 2. 能单手将沙包向前投掷 5 米左右。 3. 能单脚连续向前跳 8 米左右。 4. 能快跑 25 米左右。 5. 能连续行走 1.5 公里以上(途中可适当停歇)。
	1. 喜欢参加体育活动。 2. 愿意饮用白开水,不贪喝饮料。	1. 喜欢参加体育活动。 2. 常喝白开水,不贪喝饮料。	1. 能主动参加体育活动。 2. 主动饮用白开水,不贪喝饮料。
	1. 在帮助下能穿脱衣服或鞋袜。 2. 能将玩具和图书放回原处。	1. 能自己穿脱衣服、鞋袜、扣纽扣。 2. 能整理自己的物品。	1. 能知道根据冷热增减衣服。 2. 能按类别整理好自己的物品。
	在提醒下能注意安全,不做危险的事。	1. 认识常见的安全标志,能遵守安全规则。 2. 运动时能主动躲避危险。	1. 能自觉遵守基本的安全规则和交通规则。 2. 运动时能注意安全,不给他人造成危险。

领域	3—4 岁	4—5 岁	5—6 岁
社会	1. 愿意和小朋友一起游戏。 2. 愿意与熟悉的长辈一起活动。	1. 喜欢和小朋友一起游戏,有经常一起玩的小伙伴。 2. 喜欢和长辈交谈,有事愿意告诉长辈。	1. 有自己的好朋友,也喜欢结交新朋友。 2. 有问题愿意向别人请教。 3. 有高兴的或有趣的事愿意与大家分享。
	1. 想加入同伴的游戏时,能友好地提出请求。 2. 在成人指导下,不争抢、不独霸玩具。 3. 与同伴发生冲突时,能听从成人的劝解。	1. 会运用介绍自己、交换玩具等简单技巧加入同伴游戏。 2. 对大家都喜欢的东西能轮流、分享。 3. 与同伴发生冲突时,能在他人帮助下和平解决。 4. 活动时愿意接受同伴的意见和建议。 5. 不欺负弱小。	1. 能想办法吸引同伴和自己一起游戏。 2. 与同伴发生冲突时能自己协商解决。 3. 知道别人的想法有时和自己不一样,能倾听和接受别人的意见,不能接受时会说明理由。 4. 不欺负别人,也不允许别人欺负自己。
	1. 能根据自己的兴趣选择游戏或其他活动。 2. 为自己的好行为或活动成果感到高兴。 3. 喜欢承担一些小任务。	1. 能按自己的想法进行游戏或其他活动。 2. 知道自己的一些优点和长处,并对此感到满意。 3. 敢于尝试有一定难度的活动和任务。	1. 能主动发起活动或在活动中出主意、想办法。 2. 做了好事或取得了成功后还想做得更好。 3. 主动承担任务,遇到困难能够坚持而不轻易求助。
	1. 长辈讲话时能认真听,并能听从长辈的要求。 2. 在提醒下能做到不打扰别人。	1. 会用礼貌的方式向长辈表达自己的要求和想法。 2. 能注意到别人的情绪,并有关心、体贴的表现。	1. 能关注别人的情绪和需要,并能给予力所能及的帮助。 2. 尊重为大家提供服务的人,珍惜他们的劳动成果。
	对群体活动感兴趣。	愿意并主动参加群体活动。	在群体活动中积极、快乐。
	1. 在提醒下,能遵守游戏和公共场所的规则。 2. 在成人提醒下,爱护玩具和其他物品。	1. 感受规则的意义,并能基本遵守规则。 2. 知道接受了的任务要努力完成。 3. 知道说谎是不对的。	1. 理解规则的意义,能与同伴协商制定游戏和活动规则。 2. 爱惜物品,用别人的东西时也知道爱护。 3. 能认真负责地完成自己所接受的任务。 4. 做了错事敢于承认,不说谎。
	认识国旗,知道国歌。	1. 喜欢自己所在的幼儿园和班级,积极参加集体活动。 2. 知道自己是中国人。	1. 愿意为集体做事,为集体的成绩感到高兴。 2. 知道国家一些重大成就,爱祖国,为自己是中国人感到自豪。
科学	1. 喜欢接触大自然,对周围的很多事物和现象感兴趣。 2. 经常问各种问题,或好奇地摆弄物品。	1. 喜欢接触新事物,经常问一些与新事物有关的问题。 2. 常常动手动脑探索物体和材料,并乐在其中。	1. 对自己感兴趣的问题总是刨根问底。 2. 探索中有所发现时感到兴奋和满足。
	1. 对感兴趣的事物能仔细观察,发现其明显特征。 2. 能用多感官或动作去探索物体,关注动作所产生的结果。	1. 能对事物或现象进行观察比较,发现其相同与不同。 2. 能根据观察结果提出问题,并大胆猜测答案。	1. 能通过观察、比较与分析,发现并描述不同种类物体的特征或某个事物前后的变化。 2. 能用一定的方法验证自己的猜测。 3. 探究中能与他人合作与交流。

续　表

领域	3—4 岁	4—5 岁	5—6 岁
科学	1. 能感知和发现物体和材料的软硬、光滑和粗糙等特性。 2. 能感知和体现天气对自己生活和活动的影响。	1. 能感知和发现简单物理现象。 2. 能感知和发现不同季节的特点，体现季节对动植物和人的影响。	1. 能发现常见物体的结构与功能之间的关系。 2. 感知并了解季节变化的周期性，知道变化的顺序。
	1. 感知和发现周围物体的形状是多种多样的，对不同的形状感兴趣。 2. 体验和发现生活中很多地方都用到数。	1. 在指导下，感知和体会有些事物可以用形状来描述。 2. 在指导下，感知和体会有些事物可以用数来描述，对环境中各种数字的含义有进一步探究的兴趣。	1. 能发现事物简单排列规律，并尝试创造新的排列规律。 2. 能发现生活中许多问题都可以用数学的方法来解决，体验解决问题的乐趣。
	1. 能感知和区别物体的大小、多少、高矮长短等量方面的特点。 2. 能用一一对应的方法比较两组物体的多少。 3. 能手口一致地点数 5 个以内的物体，并能说出总数。能按数取物。 4. 能用数词描述事物或动作。如我有 4 本图书。	1. 能感知和区分物体的粗细、厚薄、轻重等量方面的特点，并能用相应的词语描述。 2. 能通过数数比较两组物体的多少。 3. 能通过实际操作理解数与数之间的关系，如 5 比 4 多 1；2 和 3 合在一起是 5。 4. 会用数词描述事物的排列顺序和位置。	1. 初步理解量的相对性。 2. 能通过实物操作或其他方法进行 10 以内的加减运算。
	1. 能注意物体较明显的形状特征，并能用自己的语言描述。 2. 能感知物体基本的空间位置与方位，理解上下、前后、里外等方位词。	1. 能感知物体的形体结构特征，画出或拼搭出该物体的造型。 2. 能感知和发现常见几何图形的基本特征，并能进行分类。 3. 能使用上下、前后、里外、中间、旁边等方位词描述物体的位置和运动方向。	1. 能用常见的几何形体有创意地拼搭和画出物体的造型。 2. 能按语言提示或根据简单示意图正确取放物品。 3. 能辨别自己的左右。
语言	1. 别人对自己说话时能注意听并做出回应。 2. 能听懂日常会话。	1. 在群体中能有意识地听与自己有关的信息。 2. 能结合情境感受到不同语气、语调所表达的不同意思。	1. 在集体中能注意听老师或其他人讲话。 2. 听不懂或有疑问时能主动提问。 3. 能结合情境理解一些表示因果、假设等相对复杂的句子。
	1. 愿意在熟悉的人面前说话，能大方地与人打招呼。 2. 愿意表达自己的需要和想法，必要时能配以手势动作。 3. 能口齿清楚地说儿歌、童谣或复述简短的故事。	1. 愿意与他人交谈，喜欢谈论自己感兴趣的话题。 2. 能基本完整地讲述自己的所见所闻和经历的事情。 3. 讲述比较连贯。	1. 愿意与他人讨论问题，敢在众人面前说话。 2. 能有序、连贯、清楚地讲述一件事情。 3. 讲述时能使用常见的形容词、同义词等，语言比较生动。
	1. 与别人讲话时知道眼睛要看着对方。 2. 说话自然，声音大小适中。 3. 能在成人的提醒下使用恰当的礼貌用语。	1. 别人对自己讲话时能回应。 2. 能根据场合调节自己说话声音的大小。 3. 能主动使用礼貌用语，不说脏话、粗话。	1. 别人讲话时能积极主动地回应。 2. 能根据谈话对象和需要，调整说话的语气。 3. 懂得按次序轮流讲话，不随意打断别人。 4. 能根据所处情境使用恰当的语言。如在别人难过时会用恰当的语言表示安慰。

续　表

领域	3—4 岁	4—5 岁	5—6 岁
艺术	经常自哼自唱或模仿有趣的动作、表情和声调。	经常唱唱跳跳,愿意参加歌唱、律动、舞蹈、表演等活动。	乐于模仿自然界和生活环境中有特点的声音,并产生相应的联想。 1. 积极参与艺术活动,有自己比较喜欢的活动形式。 2. 艺术活动中能与他人相互配合,也能独立表现。
	1. 能跟随熟悉的音乐做身体动作。 2. 能用声音、动作、姿态模拟自然界的事物和生活情景。	能用拍手、踏脚等身体动作或可敲击的物品敲打节拍和基本节奏。	能用律动或简单的舞蹈动作表现自己的情绪或自然界的情景。

(注:本表内容源自《3—6 岁儿童学习与发展指南》,略有改动)

第二节 "健康体育"课程的实施途径

一、健康体育每一天

"健康体育每一天"是"健康体育"课程的重要实施途径,是将幼儿在幼儿园的三年以年为单位,每年分为三个部分:健康体育在幼儿园、健康体育在周末和健康体育在假期,并将每个学期各个时段的

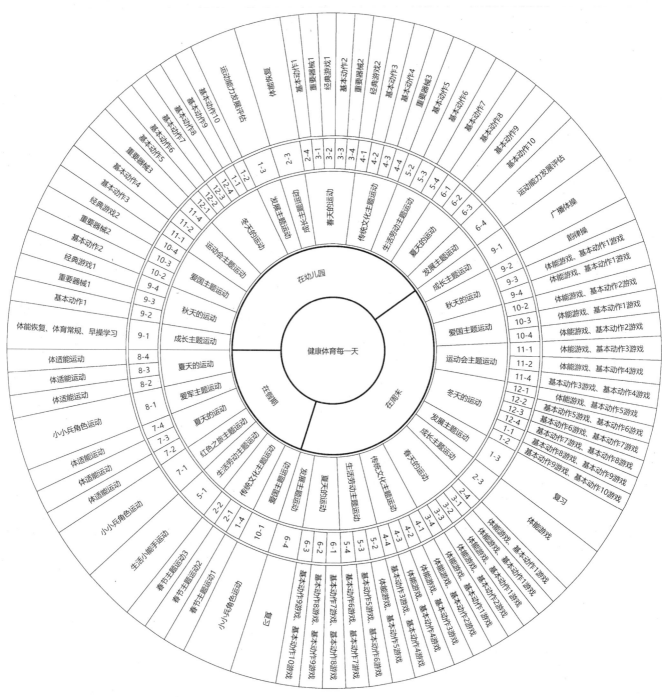

图1 "健康体育每一天"实施途径1

常规安排和季节要素整合。"在幼儿园"主要开展晨间体育活动、集体教学活动和体育游戏活动,并建议有条件的幼儿园补充特色体育内容;"在周末"和"在假期"开展亲子体育活动。其中,"在假期"是指3天以上的法定假期和寒暑假。"在幼儿园"的体育活动具备系统性和主题性,由教师组织开展。"在周末"和"在假期"的体育活动具备亲子性和拓展性,由教师以"运动作业"的方式提供给家庭,建议家庭开展。

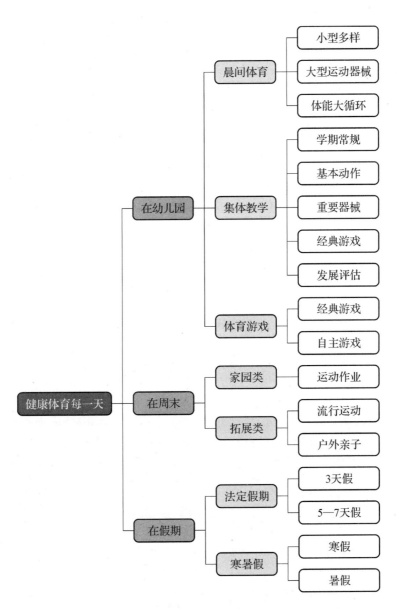

图2　"健康体育每一天"实施途径2

二、健康体育每一周

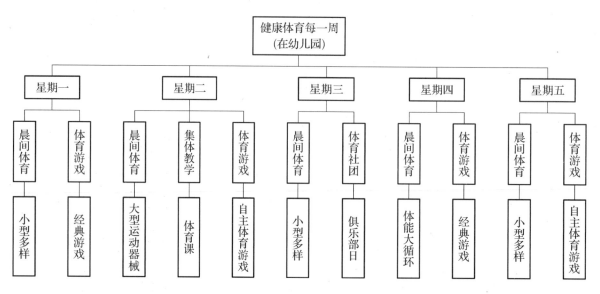

图3　"健康体育每一周"（在幼儿园）实施途径

第三节 "健康体育"课程的组织方法

幼儿园体育活动的有效组织与实施是幼儿园体育质量的保证,也是每一位幼儿园教师业务工作的基本内容之一,其重要内容是掌握基础的体育常识,至少包括幼儿基本动作的发展、学习和控制,人体运动中的身体与心理常识,体育活动基本的组织原则与方法等。

一、体育活动密度

体育活动中的密度,亦称一般密度、综合密度,是指一次活动中,有效利用的各项活动时间与实际活动总时间的比例。"各项活动"主要包括教师指导(启发引导、讲解示范、纠正错误动作等)、幼儿练习、组织措施(整队、调动队伍等)、幼儿观察与相互探究、练习间的等待和休息等。"专项密度"是指上述五项活动中某项活动合理运用的时间占实际活动总时间的比例。如练习密度即专项密度的一种,它是指在一次活动中,幼儿实际从事练习的时间占活动总时间的比例。理解和研究体育活动的密度即体育活动设计的重要内容,也有助于有效利用体育活动时间,保证适宜的运动负荷,让幼儿更快地掌握动作技术,提高活动的实际效果。

表1 体育活动中的各项活动

各项活动	具体内容
教师指导	讲解、示范、认识器材、提问、纠正错误、讨论分析、个别辅导、帮助和保护
幼儿练习	准备活动、学习内容、练习、游戏、比赛
组织措施	整队、队伍调动、场地器材的布置和收放
幼儿观察与相互探究	幼儿之间相互观察、探究、帮助或保护下的练习
练习间的等待和休息	学习后必要的休息和必要的等待时间

合理安排和调节体育活动的密度涉及很多因素,应注意下列要求:

1. 认真准备,周密计划。

教师在开展体育活动之前,应根据活动目标、内容性质、幼儿特点以及场地器材等情况,认真准备,周密计划,合理安排各项活动的内容和时间。

2. 改进和提高组织水平。

严密体育活动的组织,根据幼儿人数、学习内容的性质、幼儿特点以及场地器材等情况,采用合适的组织形式;尽量减少用于整队、调动队伍、布置场地器材、分组集中等教学辅助活动时间,如可以结合安排一定的练习调动队伍,利用安装、布置、收放器材的时间安排练习。

3. 改进组织方法,提高组织技巧。

有目的、有计划地运用讲解、示范,力求做到精讲多练;根据活动目标与内容性质,采用适宜的练习方法,增加练习的机会;适当安排辅助练习、体育游戏和集体性体育活动。

4.密度分析。

分析体育活动的密度一般从以下几个方面进行:活动中合理运用时间的比重是多少,是否恰当;活动中各项活动所占的比重是多少,是否合理;不合理的时间比重是多少,原因何在;对体育活动的密度总的建议和改进策略。

体育活动中各项活动所占的时间比重各是多少?是否合理?根据一般经验,比较合理的体育活动密度比例如下:组织时间占10%—15%;实际练习时间占30%—50%;讲解时间占15%—20%;讨论时间占5%—15%;休息时间占12%—25%。这只能作为参考,不可照搬。不同年龄段的幼儿、不同学习内容、不同结构的体育活动,密度的比重会有不同的变化。例如,小班幼儿用于讨论的时间比重较小;探究式教学结构的体育教学活动中,用于讨论的时间比重较大;开展较难掌握的活动时,用于练习的时间比重较大;游戏性较强的活动,用于练习的时间比重较大。

二、体育活动负荷

体育活动中的运动负荷与通常而言的体育活动运动量,既相似又有区别。它是指幼儿在体育活动中所受到的身心刺激及其应激的值,包括幼儿的生理负荷和心理负荷两个维度。它是影响体育活动成效的重要因素,也是评价体育活动质量的重要指标。

1.体育活动的生理负荷和心理负荷。

体育活动的生理负荷是指幼儿在活动中参与运动动作的量和强度对机体的刺激程度。其包括内部数据,即幼儿心率、血压等方面的变化;还包括外部数据,即幼儿活动次数、时间、距离、密度、强度等数据。二者之间具有因果关系,外部数据是因,内部数据是果,成正比关系。生理负荷的大小不仅与负荷过程有关,而且与休息的量和恢复的强度有关。休息的量是负荷之后休息的时间长短;恢复的强度是在休息时间内,幼儿机体恢复的水平。因此,关注幼儿体育活动的生理负荷,既要关注负荷,也要关注恢复。

体育活动的心理负荷是指幼儿在体育活动中所承受的心理刺激及心理能耗。它通常包括幼儿的情绪、注意和意志三个方面。体育活动中的生理负荷、活动的难度、成功的体验、师幼关系等都会影响幼儿心理负荷的变化,从而造成幼儿一定的心理能量的消耗。幼儿在体育活动中的情绪、注意和意志三个方面也是相互影响的。例如,开展有趣的活动时,幼儿情绪高,注意力也会较高,但意志力偏低。过大的情绪变化,会影响注意力;教师强调规则,幼儿的注意力会集中,但情绪又会受到影响。因此,关注幼儿体育活动的心理负荷,需要结合活动的特点和流程,综合考虑。

但在幼儿园的体育活动中,教师更多的还是关注幼儿生理负荷的变化,会用运动的时间和负荷的强度作为衡量幼儿生理负荷的指标。通常情况下,一次体育活动的平均生理负荷应该达到“中大”以上。这里的“中大”指的就是负荷强度。但究竟如何判定生理负荷强度达到“中大”呢?这就涉及运动负荷指数的概念。

2.运动负荷指数。

所谓运动负荷指数,是运动中心率数与运动前心率数的比值。例如,运动中心率为128次每分钟,运动前心率为80次每分钟,则运动负荷指数的计算公式就为$128 \div 80 = 1.6$。运动负荷指数可以分为五个层次:2.0—1.8 为最大,1.8—1.6 为大,1.6—1.4 为中,1.4—1.2 为小,1.2—1.0 为最小。因此,1.6 就是负荷强度的"中"的上限和负荷强度的"大"的下限,即负荷强度"中大"。需要强调的是,幼儿体育活动中运动负荷强度并不是越大越好,而是达到 1.6 这个"中大"程度锻炼效果最佳,即通常所说的"有效的体育活动平均心率达到 140±10 次每分钟"。当然,对于教师而言,使用运动负荷指数来设计体育活动不够实用,难度也较大。因此,关注经验的总结和幼儿的个别调整,才是体育活动负荷设计的真正有效方法。

3. 运动负荷设计。

关注幼儿体育活动的科学性,运动负荷的设计是一个重点。所谓运动负荷的设计,就是在活动设计时充分考虑幼儿的身心负荷变化规律,并依照幼儿在体育活动中身心发展变化的规律设计活动进程。一般需要考虑幼儿的生理负荷和心理负荷两个维度,但以生理负荷设计为主。因为运动负荷指数实际计算不太便捷,日常体育活动设计中,教师主要还是依据经验总结进行设计。

依一般经验来看,体育活动的生理负荷安排,应从小到大逐渐增加,大、中、小强度负荷合理交替。其中,热身准备是不论何种形式的体育活动都必须有的环节,生理负荷强度必须达到中大,具体表现为幼儿身体变热,微微出汗。放松结束环节的生理负荷必须小,以促进幼儿尽快恢复到相对安静的状态。一次体育活动的平均负荷应该达到中大以上,这不仅仅体现在活动现场,在活动方案设计时就应有所体现。

不同的体育活动内容对幼儿生理负荷也有影响。幼儿园的体育活动大多是关注幼儿基本动作发展的体育游戏活动或体育教学活动。因此,教师需要善于总结各类基本动作对幼儿生理负荷的影响。

表 2　基本动作结合素质类型的经验参考表

	走	跑	跳	投	钻爬	滚	小器械
灵敏	小	大	大	小—中	中—大	小—中	小—中
速度	大	大	大	大	大	大	大
柔韧	小	大	大	小—中	中—大	小—中	小—中
耐力	大	大	大	大	大	大	大
力量	大	大	大	大	大	大	大

生理负荷的设计也要考虑季节气候的影响。春秋两季的影响相对较小,但冬夏两季则影响较大。其中,冬季需要增加运动的强度和密度,以增加幼儿的生理负荷量;夏季则应谨慎关注温度,适度降低运动强度和密度,避免幼儿过高的生理负荷量。

另外,幼儿体育活动中的心理负荷也是需要设计的。例如,在热身准备环节,教师应该用有趣的游戏、欢快的音乐等充分调动幼儿的情绪,增加幼儿的心理负荷量,促进幼儿有效地热身和更快进入最佳的运动状态;在重难点问题的研究和学习中,应该降低情绪的负荷强度,强调学习方法和规则,提高注意的负荷强度,以提高幼儿的学习效果;在放松环节,则应该先进行心理的放松,通过调整呼吸、听轻音乐等,使幼儿情绪安定,以促进生理负荷的降低。可以说,生理负荷和心理负荷是相互作用的。对于运动负荷的设计,教师要善于总结经验,综合关注生理和心理这两个维度。

表3　运动负荷设计示例表

内容	进程	场地	时间/分钟	负荷
热身活动	1. 变速跑入场	一路纵队	1	大
	2. 垫上常规准备活动	六路纵队	2	中大
	3. 垫上专项热身游戏 ① "1,2,3跳跳跳" ② "看谁反应快"		1	中大

4. 运动负荷的现场检查。

幼儿的身心发展是存在差异的。因此,即便我们善于总结经验,并遵循幼儿身心变化的基本规律组织体育活动,仍需要在活动现场随时检查幼儿的状态,迅速做出有效的调节。体育活动是关于身体运动的活动,因此重点是关注幼儿生理负荷量的检查,主要有三种方法。

生理测定法

这是一种最为规范和准确的检查方法。它包括测量心率、血压、呼吸频率等生理生化指标。中小学教师有时也会在一些教学现场使用这种方法进行教研,测评学生的生理负荷量。但是这种方法在幼儿园存在组织难度,因为它需要使用专门的设备和仪器,仅能在一些特定的教研活动中使用。

自我感觉法

这是一种比较简单,也比较主观的检查方法。它是教师通过让幼儿自述或回答一些主观感受来判断生理负荷大小。自我感觉法的提问包括"累不累?""腿酸不酸?""想不想再玩?"等。但自我感觉法存在局限性。首先,不是每个年龄段的幼儿都能理解和表述出自我的感受,例如小班。其次,幼儿受外界的干预极大,未必能客观说出正确的自我感受。因此,虽然幼儿园教师也常使用这种方法检查生理负荷,但实际效果并不好。往往是教师随口一句问询,而幼儿也是无意识地回答"不累""不酸""想",并不能准确地反映幼儿的实际情况。因此,教师在使用这种方法时,要结合其他方法进行,该方法只能作为一种补充。

教师观察法

这是通过经验总结出来的最为实用的检查方法。教师在体育活动中通过对幼儿外部表现进行观察,主要是从幼儿的肤色、呼吸、出汗量和完成动作的质量、注意力等方面判断其生理负荷的量。长期以来,教师使用这种方法进行幼儿生理负荷的检查往往都是随意判断,没有进行梳理和指标化。但幼儿体育活动的现场非常复杂,幼儿的自我保护能力又相对较弱,应该有一个相对客观和准确的观察指标。当幼儿达到其中某些指标时,教师依据指标立刻做出有效的调节。

表4　幼儿生理负荷量参考指标

特征	轻度疲劳	中度疲劳	很疲劳
面部	轻微发红	中度发红	很红,发白,发青
呼吸	加快,均匀	较快,会用嘴呼吸	很快,呼吸浅,用嘴呼吸
动作	步伐稳,有自控能力,动作较准确	步伐不稳,身体摇晃,自控力较差	身体摇晃厉害,失去自控能力,动作很不协调
注意	良好,较集中	听讲、观察不集中,易分散注意力	很分散,教师高声要求才能听讲
出汗	轻微	较多(腰部以上)	很多(腰部以下)

当幼儿在活动中出现轻度疲劳状况的1—2个指标时,就让幼儿再坚持一下;出现很疲劳状况的1—2个指标时,就让幼儿休息一下,或者终止活动;出现中度疲劳状况的1—2个指标时,根据幼儿平时身体状况和具体活动内容灵活调整。例如,活动内容较难,有挑战性,立刻终止;活动内容是熟悉的、难度和强度不大,就可以适度让幼儿坚持一下。

幼儿体育活动的科学性很重要,我们应该重视体育活动的"运动负荷",但教师设计体育活动时也不要仅考虑"运动负荷",以至于影响体育活动的趣味性。"运动负荷"应该成为体育活动的一个内在要素,像一个隐性的框架,起着弹性约束作用。教师应充分理解"运动负荷"对幼儿体育活动的影响,让它起积极的指导作用,既不一味受它制约,也不过分忽视它。

三、体育队列口令

在体育教学活动中,合理、熟练地运用各种队形和调动队伍,既可以使教学组织更加高效,节约时间,培养幼儿良好的规则意识,又可以丰富教学内容,调动幼儿学习的积极性,让幼儿保持正确的身体姿势,使教学有条不紊地进行。

1. 队形队列的运用与安排的基本要求。

活动时队形的安排要有利于幼儿看清教师的示范,听清教师的讲解。幼儿应该尽可能背对阳光、背对风沙、背对干扰站立,队形要有利于提高练习密度,有利于教师的观察、帮助和指导,还应该有利于幼儿个人或小组的相互观察与帮助。同时,学习与练习应该符合安全与卫生的基本要求。

2. 队形变化的注意事项。

(1)队形的选择与运用要切合实际,符合教学需求,有利于教学目标的实现,不要搞形式主义。

(2)教学中队形的变化不宜过多,适用即可,尽可能使用一两种主要队形,并在此基础上适当变换。但也不能过于单一化,仅使用一种队形。小班幼儿可尽量使用散点或幼儿熟悉的每日做操的队形。中大班幼儿可以根据教学需求变化多种队形,例如讲解中使用"梯形线"队形。

(3)队形的变化应自然,也要简单,便于幼儿掌握,并利于节约时间。

(4)在进行一些容易产生碰撞的练习时,需要把安全放在第一位。一些投掷内容的练习,更需要仔细设计队形。

(5)加强和重视口令和口哨的运用。口令和口哨在队伍的组织与调动中有着重要作用。口令掌握得好、口哨运用得好,就能大大提高教学效率。口令和口哨的运用是教师的基本功,每位幼儿教师必须掌握好。

3. 口令的基本要求。

"口令"是指挥活动的行动命令,是组织教学调动队伍的信号,也是每一位教师必备的基本功。"口令"不仅带有强制命令的因素,还可以体现出体育教师更多细致的引导、指示意图,是有效组织教学、训练和其他体育活动十分重要的一环。口令是指挥幼儿行动的指令,是组织教学、调动队伍的信号,是每一个体育教师必备的基本功。

口令,一般由预令、动令两部分组成,预令指明动作的性质,即说明要做什么动作。口令根据不同的要求可以有不同的分类。

短促口令:只有动令,发音短促有力,不论几个字,中间不拖音,不停顿,通常按音节(字数)平均分配时间。有时最后一个字稍长,如"立正""稍息"等。

连续口令:特点是预令拖音与动令相连。预令拖音的长短,通常是根据人数多少而定,动令短促有力,如"向右看——齐!""向后——转!""齐步——走!"等。在行进间,预令与动令之间的拖音(微歇)应符合行进节奏,如"立——定"。

断续口令:特点是预令和动令之间稍有停顿,如"××小朋友,立正"。

复合口令:兼有断续和连续口令的特点,如"以××为准,向前看——齐!"。

4. 口令下达的基本要领。

发音部位要准确:下达口令用胸音或腹音。胸音多用于下达短促口令;腹音多用于下达带拖音的口令。

掌握好节奏:下达口令要有节拍,预令、动令和微歇有明显的节奏,不急不拖,使列队幼儿能够听清楚。

注意音色、音重:除音量掌握要使全体幼儿贯音入耳外,还要注意音阶与强弱的变化,一般口令均由低音向高音发展,如"向右看——齐!"(2 3 1——5)

突出主音:对口令中的重点字,要吐字清楚,音量适当加大,如"向左——转"要突出"左"字。

表5　幼儿园适用的基本队列口令

分类	名称	口令
短促口令	立正	立正!
	稍息	稍息!
	坐下	坐下!
	蹲下	蹲下!
	起立	起立!
连续口令	看齐(开始)	向(方向)看——齐!
	看齐(结束)	向前——看!
	转向	向(方向)——转!
	齐步走	齐步——走!
	便步走	便步——走!
	跑步走	跑步——走!
	踏步走	(原地)踏步——走!
	行进间转向走	向(方向)转——走!
	行进间转弯走	(方向)转弯——走!
	立定	立——定!
	横队集合	成(数字)列横队——集合!
	竖队集合	成(数字)路纵队——集合!
断续口令	立正	请(全体)或(个人),立正!
	稍息	请(全体)或(个人),稍息!
	坐下	请(全体)或(个人),坐下!
	蹲下	请(全体)或(个人),蹲下!
	起立	请(全体)或(个人),起立!
	出列	请(部分)或(个人),出列!

续　表

分类	名称	口令
复合口令	看齐(开始)	以(个人)为准,向(方向)看——齐!
	停止间转弯走	(方向)转弯,齐步——走!

四、体育活动中的帮助和保护

帮助,是帮助幼儿合理地用力和建立动作概念,较快地完成动作的一种措施。保护是在动作进行中由于用力不当而引起失衡、脱手或失去控制时,去维护安全的措施。从定义上看,帮助和保护是相似又不相同的。帮助和保护的相似之处在于都是为了促进动作的掌握、促进教学目标的实现;不同之处在于,帮助是正确中的进步,保护是错误下的改正。

1. 帮助和保护的分类。

帮助可分为直接帮助和间接帮助。凡是直接给予帮助,如托、提、推、拉、扶、压等都属于直接帮助。运用语言提示、各种信号和标志物,帮助体会肌肉用力的方向、时间和幅度等是间接帮助。

保护分为一般保护和自我保护。一般保护是指在幼儿练习中不提供任何外力,主要是为了增强其信心,培养其独立完成动作的能力。例如在高处跳下练习中,在幼儿跳下后有时需要给予必要的扶持,帮助其轻稳落地。自我保护是一种最积极的安全措施,当由于转体幅度过大、角度不够或被迫跌落时,随机应变,用改变动作性质和改变身体姿势,采取屈臂、团身、转体自然跳下或停住不做等进行自我保护。

2. 帮助和保护的实施。

幼儿运动中的帮助和保护是必须的。这不仅仅体现在只有合理地运用保护和帮助才能促进幼儿初建动作概念、帮助幼儿树立完成动作的信心、保护幼儿的安全和促进幼儿的健康发展,也体现在只有科学地运用保护和帮助才能顺利实现教学阶段目标、促进教学的顺利开展。而如何正确、科学地实施保护和帮助,就要明确保护和帮助在体育运动中的关系。

3. 帮助和保护的运用。

帮助和保护虽然在含义上有所不同,但二者是密切联系的。帮助在某种意义上也是一种可靠的保护;保护能克服恐惧的自卫心理状态,也含有帮助的因素。学习任何动作,由完全不会到熟练掌握,都有一定的规律:从初步建立动作概念,到改进提高,最后熟练掌握。因此,在提供帮助和保护时,应根据不同阶段有所侧重,初学阶段侧重于帮助,改进提高时帮助和保护几乎同等重要,到了较熟悉阶段,保护是主要的。在此过程中,教师要根据不同动作和不同对象的具体情况,区别对待,灵活运用。例如,在利用长凳之类走平衡锻炼内容中,初期、中期和末期的保护和帮助就是不同的。初期,至少需要三位教师,一位负责长凳头,一位负责长凳尾,分别帮助幼儿上去和帮助幼儿安全地下来,一位负责中间,用保护的方法,保护幼儿顺利走完长凳;中期,一位教师负责中间跟随保护;末期,适当增加难度,例如长凳有需要跨越间隔,一位教师专门负责间隔处,保护幼儿安全地跨越间隔。

4. 帮助和保护的基本要求。

为了合理有效地进行帮助和保护,教师需要做到以下几点:

（1）熟悉动作技术细节。

教师要对学习内容进行技术分析，明确动作的技术要点，抓住重点，才能明确帮助和保护的站位、上手时间与助力的大小和方向等。例如，在"拱桥"攀爬类内容中，如果教师站位距离幼儿超过半米，当幼儿攀爬时，在最高处发生踏空情况，教师会因来不及保护幼儿从而造成幼儿摔跤或拉扯过程中幼儿胳膊脱臼。正确的做法是，距离不能超过半米，并随时关注幼儿的动作。幼儿发生踏空时，教师也不能直接拉手，应该搂腰托肩，帮助幼儿保持平衡。

（2）根据幼儿的不同特点灵活运用。

教师要根据幼儿的性别、身体素质、技术基础、意志品质、精神状态等采取不同措施，例如，在挑战较大的项目里，女生的帮助因素大点，男生的保护因素大点；身体素质好的以提示安全为主，安静胆怯的以鼓励帮助为主。

（3）教会幼儿互相帮助及自我帮助和保护的方法。

应教会幼儿自我保护的相关知识，这些知识不仅仅局限在体育的自我保护上，还应该包括生活上的一些健康尝试。例如，锻炼之前的热身运动、跑步的呼吸方法等。另外，教师还要教导幼儿学会相互帮助，这样不但培养了他们相互关心、团结协作的精神，而且能让幼儿在教师辅导其他组时也能按要求进行练习。

（4）教育幼儿在练习中要积极遵守规则。

体育教学活动中，教师一定要强调规则，防止幼儿出现情绪涣散的状况。明确什么是能够做的，什么是要尽量避免的，什么是严格禁止的。而这些都是杜绝事故的基本保障。例如，每次活动之前，提醒幼儿注意跑步的区域、跑步中尽量用鼻子吸气等。

（5）防止过度保护和帮助的倾向。

有的幼儿练习时，离开教师便不能完成，只要教师站在一旁，便能较轻松地完成，这是由于过多的帮助和保护造成了不良的心理状态，对培养幼儿勇敢顽强的意志品质是很不利的。例如，在长凳跨障碍时，初期教师可以提供帮助，允许幼儿搭手跨过，并且只要幼儿顺利跨过就大声鼓励。中期，教师可以站在距离幼儿半米处，单手虚扶，让幼儿自己尝试，若幼儿顺利跨过也大声鼓励他（她）。后期，教师可以站在半米处，鼓励幼儿自行尝试，注意保护，防止幼儿摔跤。

五、体育活动中的讲解

体育活动的讲解是最基本、最主要的教学手段，也是衡量体育活动质量的关键因素之一。讲解是教师运用语言向幼儿说明目标、动作名称、要领、做法及其要求，以指导幼儿掌握相关体育知识、技术与技能，进行练习的一种方法。讲解的基本要求有：

1. 目的明确，并具有教育意义。

讲解什么，怎样讲解，讲多少，都应该依据教学目标、内容、要求，教学过程的不同阶段以及幼儿在思想上、技术上或身体发展上存在的主要问题，有的放矢地进行讲解。

2. 符合幼儿年龄特点。

讲解时要注意语速、语调，层次分明，用词准确、形象生动，突出重点、难点、关键点。同时要熟练地运用体育专业术语，善于运用比喻和儿歌、口诀等形式，以提高讲解的实效性。

3. 富有启发性。

教师讲解时要善于引发幼儿思考、设问激疑,适当采取提问的方式、简短的问答法,启发幼儿积极思考,使幼儿将看、听、想、练有机地结合起来,这样才能取得良好的讲解效果。

4. 要注意时机和效果。

根据教学过程的实际情况和具体特点采取不同的讲解方法,才能提高教学质量。例如,在宣布目标时,应该语言简练;教授新动作和较为复杂的技能时,可多用启发式的语气,让幼儿集中注意力并积极思考;调动幼儿进行挑战、游戏时,语气要轻松或富有激情,以充分激发幼儿的兴趣和斗志。

5. 考虑队形的选择。

参考因素有人数、场地、年龄、规则、气候、示范方式、组织方式和其他一些因素。讲解队形主要有以下几种:

方阵

常用的讲解队形,主要在人数较多,并且场地不是很大,幼儿年龄较小,或者幼儿的规则意识及队列常规能力较差,需要镜面示范的情况下采用。有时候,因为组织时间紧凑,动作难度、幅度都不大,为了节约时间而采用,例如临时加上的随机全体示范。教师面对幼儿,站位于正三角形顶点处。

单排

不常用的讲解队形,一般用于特殊情况。例如小型示范,人数很少,需要镜面示范,进行一些游戏或者操列练习。它属于临时性讲解队形。其局限性很大,弊端很多。教师面对幼儿,站位于正三角形顶点处。

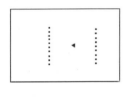

平行

特定动作讲解队形。适用于 20 人以内,场地较大,幼儿年龄较大,或者幼儿规则意识及队列常规能力较强,需要进行镜面和正面两个方向的示范的场合。有时,针对特定情况,例如游戏环节,也可以采用。但是需要注意,示范要正面和镜面各一次,同时教师的站位要在中心,并注意讲解时候的音量,确保上风向或者背面幼儿也能听清楚讲解。

梯形

最常用的讲解队形之一,也是最规范的讲解队形。只要情况允许,尽量采用此讲解队形。但是,如果幼儿人数超过 30 人,或者场地过小,不建议采用此讲解队形。教师可以镜面示范,也可以侧面、背面示范。教师站位与每一个幼儿站位的距离基本相等。

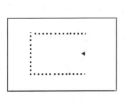

U 形

常用的讲解队形,适用于 25 人以上、场地有局限、幼儿年龄较大的情况。特别针对梯形讲解队形人数较多情况,是梯形讲解队形的一种变形。教师站位于队列顶端,保证每一名幼儿都处于教师视线范围内。由于教师无法保证每名幼儿与教师的距离相等,因此,只能进行简单的镜面示范,对于侧面示范有一定难度。

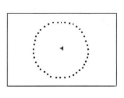

圆形

特定讲解队形,主要用于小班及特定的队列、游戏教学中。教师站位在圆形内,能保证每名幼儿与教师等距,但是无法保证方向一致,不能进行动作示范讲解,可以进行规则和游戏的讲解。

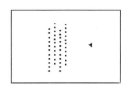

错位

讲解队形之一,适用于较大年龄段幼儿的绝大多数情况,也适用于人数多、场地有局限、幼儿常规和队列意识一般等情况,尤其适用于随堂课的教学。镜面、侧边、背面示范都可采用。但不能进行过于精细动作的示范讲解,同时对于幼儿的常规还是有一定要求。在学习内容属于常规性动作,幼儿兴趣不太浓厚的情况下,教师不能兼顾前后排所有幼儿,效果不理想。教师面对幼儿,站位于正三角形顶点处。

六、场地器材的布置

活动场地器材是进行体育活动的前提条件,场地器材布置是体育活动特有的组织教学工作,是实现目标的物质保证。充分利用和合理布置场地器材,有利于保证安全、增加练习的密度、调动幼儿的学习兴趣,还能让幼儿受到环境和美的教育。

在场地器材的布置中要注意以下问题:

场地器材的布局要合理。能够移动的器材向固定器材靠拢;注意卫生与安全,必要时画出清晰的界限与标志;投掷场地的安排,应考虑到安全问题。此外,要充分利用幼儿园的现有环境和条件,充分利用地形和建筑体组织教学。

合理编排各个班级的体育教学活动表,充分考虑场地器材情况,尽可能做到体育场地既不空闲又不拥挤;对于器材的使用,要充分考虑晨间锻炼器材的合用问题,既保证不影响晨间活动的安排,又能最大化利用有限的器材。

注意安全。活动之前应严格检查,如器材安置是否牢固,场地是否湿滑,手持小型器材是否完好无裂缝等,以防伤害幼儿。

七、体育活动的分组

体育活动中的组织形式选择与运用,一般分为全班、班内分组和班内个别。因为幼儿的个体差异性,无论幼儿人数是多少,分组都是一种必要的组织形式。分组比较能体现因材施教、个别化学习的原则,也比较容易激发幼儿的兴趣和挑战欲。下面介绍几种分组形式。

1. 随机分组。

这是分组的最基本形式,有时也被称为"自然分组"。所谓随机分组,就是按照某种特定的方法将幼儿分成若干组。随机分组具有一定的公平性,常在游戏或小竞赛时采用。这种分组的优点在于既简单,又迅速。缺点在于没有考虑幼儿在兴趣和能力上的差异性,无法很好地体现区别对待的个别化教学原则。

2. 同质分组。

所谓同质分组,是指分组后同一小组的幼儿在能力和经验水平上处于大致相同的位置。同质分组的方法在教学中常常被我们有意或无意地运用到。例如,在助跑跨跳动作活动中,我们常常会设置不同高度的障碍物让幼儿自由选择。这种分组的优点在于充分尊重幼儿的差异性,让每个幼儿都容易体验到成功感;利于形成竞争性,激发幼儿勇于挑战的心理。缺点在于,不容易掌握分组的幼儿往往会一窝蜂地寻找最难或最容易的一组,幼儿还未能准确找到真正符合自身最近发展区的组;同时,容易让幼儿感觉到等级差异,让发展水平较弱的幼儿产生自卑感。因此,教师在首次进行同质分组前,应该进行一定的介入,指导幼儿到自己适合的组别去练习。教师也需要引导幼儿,既不让幼儿一味逞强,也不让幼儿因畏难而寻找最容易的组别;同时,引导发展水平较弱的幼儿不要气馁,能力强的幼儿不要骄傲自满。

3. 异质分组。

所谓异质分组,是指分组后同一小组内的幼儿在体能和运动技能方面均存在差异。异质分组不同于随机分组,是人为地将不同能力水平的幼儿分为一组,或根据某种特别的需要对"异质"进行分组,从而缩小各小组之间的差异,以利于开展游戏或小竞赛活动。例如,在进行接力跑竞赛活动前,教师将跑得较慢的幼儿和跑得较快的幼儿合理分到各个小组里;在一些游戏里,让男生和女生或高个子和矮个子比例相当。

4. 合作分组。

合作是幼儿社会性发展的重要方面。实际上,体育活动中的合作机会也是非常多的。而且,不论游戏还是竞赛活动,合作都是活动成功开展的重要因素之一。在体育活动中,让幼儿通过合作来进行练习,如接力跑、合作跑、传递等,对幼儿交往能力、社会性发展的意义远远超过比赛或活动本身的意义。因此,在体育教学活动中,经常采用合作分组能促进幼儿社会性发展。

5. 互助分组。

在合作分组中,组员之间的关系都是平等的,是一种互相依赖的关系。但有时根据需要,我们可以考虑组员的强弱搭配,鼓励部分强的幼儿直接帮助弱的幼儿,这就形成了互助分组。采用互助分组有时效果会好于教师一个人对众多幼儿进行指导,同时互助分组也利于幼儿互相学习,促进幼儿间的交往。但是,在互助分组中,由于幼儿之间所处的地位是不平等的,容易导致帮助者产生优越感,被帮助者产生自卑或依赖感。因此,教师要引导幼儿,强调帮助别人的乐趣和价值,这也是公民教育中的一部分。

6. 同伴分组。

如果让幼儿自己选择好朋友进行活动,大多数幼儿就会选择与自己关系较为密切的幼儿一起进行练习,这就是同伴分组。从社会学角度看,物以类聚,人以群分,这是自然现象,人都喜欢与自己熟悉的人、亲近的人、崇拜的人聚在一起。因此,在体育活动中采用同伴分组,可以提高幼儿的学习兴趣,使每个幼儿都能身心放松,体验到体育游戏的乐趣。

八、体育集体教学活动传统结构

体育集体教学活动一般分为准备、基本、结束三个部分。

1. 准备部分。

任务:迅速组织、集合幼儿,将幼儿的注意力集中到教学中来,激发幼儿的兴趣和学习动机,使他们充分调动情绪,愉快地开始上课;做好热身准备活动,使身体各主要肌肉群、关节、韧带等充分得到活动,使机体迅速进入工作状态,为学习做好身心准备。

内容:体育常规(如集合整队、检查服装、安排体弱儿或需要休息的幼儿等)、活动的导入(如游戏情节导入、学习内容宣布等)、常规准备活动、专项准备活动。

常规准备活动主要是指促进幼儿身体全面发展的练习。内容通常包括队列,走、跑练习,徒手或轻器械练习,集中注意力练习等。这些练习都可以通过舞蹈、游戏等开展。专项准备活动主要是指与主要学习内容相近的练习。通常采用一些模仿练习、诱导练习或辅助练习、基本技术练习以及与掌握该学习内容所必需的身体素质练习等。

准备活动的内容应兼具全面性、针对性和多样性。全面性是指所采用的练习能有效地促进幼儿身体全面发展,培养幼儿正确的姿势和体态;针对性是指应根据活动的主要教材来选择专门性练习,以使幼儿更快地掌握动作;多样性是指应根据活动的任务和幼儿特点,合理地变换练习内容和组织方法,以提高幼儿的兴趣。

准备部分的组织应力求严格,一般采用集体活动的方式进行。时间需要严格控制,并根据活动内容、气温等上下浮动,一般占总活动时的10%—20%,约3—5分钟。

2. 基本部分。

任务:学习和发展幼儿的基本动作、基本技能,了解科学锻炼的常识、基本的卫生常识,促进健康,培养良好的社会适应能力并发展个性。

内容:基本部分的内容一般以园本课程为主。如果是新的教学内容,根据幼儿的认知特点,则应该将此内容安排在基本部分的开始部分,这样幼儿能有较为集中的注意力、饱满的情绪和充沛的体力去学习和练习。能引起幼儿高度兴奋或活动量较大的游戏活动,则应该排在基本部分的后半段,以便使之与幼儿身体机能活动的水平相适应。

基本部分的一般结构是围绕着技能的掌握展开的,不管是否融入情境或游戏,其基本结构都是类似的,即遵循动作技能习得的基本规律:动作的初步掌握、动作的巩固完善、动作的熟练掌握和动作的自动化。第一步,先认知动作,建立动作的基本概念,通过教师示范、自主尝试或同伴间相互观察,初步掌握动作。第二步,通过各种形式的练习活动或相关游戏活动,让幼儿多层次地反复练习动作,逐步巩固并完善。其间,教师会针对幼儿的实际学习情况,进行纠正和指导,让幼儿逐步达到熟练掌握动作的阶段。第三步,教师针对幼儿已经基本熟练掌握的动作,开展丰富有趣的相关活动,例如小型比赛、包含新动作的综合游戏、多种层次的自主选择的练习活动等。这一阶段是让幼儿能通过多种形式多样的活动,充分练习新习得的动作,更加熟练地掌握,最终能形成自动化。当然,让动作形成自动化并不是通过一节课就能达到的,有时候需要多次课,大多数动作技能都是随着幼儿年龄的不断增长而不断发展成熟的,往往需要数年时间才逐步成熟。

基本部分的活动时间一般占体育教学活动总时间的70%—80%。

3. 结束部分。

任务:有组织地结束教学活动,使幼儿的身体逐渐恢复到相对放松的状态,简要对本次教学内容和要点进行回顾总结并提出继续努力的方向,布置一些希望幼儿在家进行的相关练习。

内容:一般分为四个步骤进行。第一步,教师使用肯定和平静的语气宣布练习活动结束,并让幼儿集中注意力。第二步,进行情绪放松类的活动,例如使用舒缓的音乐调整呼吸。第三步,进行身体放松的小游戏或动作练习,以放松教学活动中负荷较大的肌肉为主,并加以韧带的拉伸练习,例如站位体前屈练习。第四步,进行本次教学活动的简要回顾和要点总结,并肯定和称赞幼儿的努力与成功,最后布置扩展练习等。

结束部分的时间约占活动总时间的 10%,约 2—3 分钟。

以上三个部分之间是相互联系的。虽然各个部分都有自己的主要任务、内容,但它们又是一个紧密结合的统一整体。上一个部分是下一个部分的准备,而下一个部分又是上一个部分的自然延续或发展。当然,幼儿体育教学活动的结构并不是固定不变或千篇一律的。各部分内容、时间的安排等方面,都应该根据具体的活动目标、任务、幼儿的实际情况、季节气候的特点、场地及条件等灵活地调整,其主要目的就是更好、更有效地完成幼儿体育活动任务。

九、两种游戏化教学活动结构

《纲要》和《指南》的颁布影响着幼儿园的整体教育,也影响了幼儿教师对体育教学活动结构的理解和设计。本书所有的教学活动设计主要使用以下两种结构。

1. 以"快乐体育"为目标的结构。

"快乐体育"的观念起源于 20 世纪 70 年代的日本。它是针对学生不喜欢体育的状况,为实现学校体育教学与终身体育的连接而提出并发展起来的。快乐体育遵循体育活动中体验运动乐趣的规律进行设计。其主要特点是让学生很好地掌握运动技能和锻炼身体的同时,能够体验到运动和体育学习的乐趣,从而养成终身体育的习惯。在学前教育中,游戏一直是幼儿主要的学习方式。对于幼儿而言,体育活动本身就是有趣的游戏活动。受此观念影响,快乐体育就是以让幼儿充分体验运动的乐趣,让幼儿感受不断挑战新技能学习的乐趣,并在体育活动中运动、学习、挑战、交流、探索、创造。

快乐体育的体育教学活动结构往往呈现出低结构状态,由 2—4 个动作内容相关联的体育游戏组成。幼儿在教师的带领下参与游戏,并在游戏中体验体育运动的快乐,发展动作并学习体育知识。

其一般结构分为三个部分:

准备环节:往往以热身游戏为主,教师带领幼儿进行身体和心理上的预热,充分调动幼儿的情绪,让幼儿迅速投入有趣的体育活动。

游戏环节:以某一个动作为主线,串联 2—4 个体育游戏。可以是从动作的技术横向进行分类设计游戏。例如,将投掷的动作分为高度和速度两个方面设计游戏,让幼儿通过玩这样的游戏促进动作的发展;也可以从动作难度推进,层层递进设计游戏,如将跳跃动作设计为高处跳下、纵跳、跳远和跳跃过物品,设计出数个游戏,让幼儿从易到难进行游戏。

结束环节:以放松游戏为主,主要进行心理的放松。教师的点评和总结,也以表扬和鼓励为主,并关注发展水平较低和游戏中失败的幼儿的心理,让幼儿对体育运动的乐趣得到延续。

快乐体育的体育教学活动时间分配比较宽松,原则上以游戏环节作为整个体育教学活动的主要部分,占总时间的 70% 左右。但是,因为较为关注游戏性和幼儿的心理变化,所以往往较为重视准备环节和放松环节的游戏,或者因为强调游戏的连续性,有时也会让三个基本环节相互融合,时间的分配相对灵活。

2. 探究式学习的结构。

探究式体育教学活动结构关注幼儿的已有经验,遵循幼儿的学习特点,发展幼儿的思维,培养幼儿的学习品质,提高幼儿解决问题的能力,达到让幼儿通过自己获取新知识的目的。

这种教学结构是对有关运动的知识和技能进行归纳和整理之后,组成"问题串"和"任务串",对每个问题和任务设有体验、探究、讨论和归纳、验证和总结等。对于教学重点内容,让幼儿自主尝试和探究、相互研讨和观察,教师引导和验证,师幼共同归纳和总结,并形成结论等,而运动的学习和练习则紧密穿插其中,教师会较多地运用提问—回答、设疑—假说、验证—发现、讨论—思考、归纳—总结等教学方法。

由于整个过程练习环节减少,因此在主要教学内容完成之后,往往会进行一些加强性的变式练习或综合应用的活动,以增加一定的负荷。

其一般结构如下。

准备部分:一般同技能掌握课中的准备部分。

导入部分:往往通过疑问、游戏或游戏情境导入,引发幼儿探究的兴趣。教师一般从幼儿的原有经验出发,引出问题,并启发幼儿去探究。此环节是探究式教学活动的重点,教师需要仔细研究引发幼儿思考探究的语言,使语言精练、准确并能引发幼儿探究的兴趣。

探索学习:这一环节的基本步骤遵循探究式学习方法的流程,即假设—探究—讨论—思考—验证—总结—提升。幼儿在这个流程中,积极思考,主动探究。教师需要仔细观察幼儿的学习状况,并有针对性地进行支持,有些需要个别指导,有些需要集体讨论和学习。教师在研讨环节需要充分引导幼儿思考和总结,和幼儿共同形成结论。在总结环节,教师需要进行完整总结和提炼,让幼儿能形成完整的正确的动作概念。

延伸部分:幼儿对形成初步概念的动作技能进行练习。往往此环节为变式练习或综合拓展练习,目的是让幼儿充分练习,在实际运用中提高动作的熟练度。

结束部分:一般与技能掌握课中的结束部分相同。

探究式学习体育教学活动的设计难度相对较大,对教师的教学能力要求较高。同时,由于教学中更加关注幼儿的自主学习能力,因此教学的过程往往需要根据幼儿学习的实际情况进行调整。这就需要教师具备一定的观察能力和教学现场调节能力,对教师的要求较高。但是,探究式学习的体育教学活动往往一次活动的价值容量较高,有利于促进幼儿更加全面地发展,是一种比较先进的教学结构。

探究式学习的体育教学活动因为较多考虑到幼儿思维的发展,对整节课的练习密度和强度、幼儿的运动负荷量会造成一定的影响,这就需要教师综合考虑,不能将体育活动变成认知活动,折损体育活动的锻炼价值。

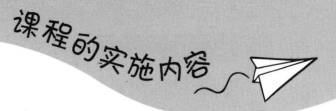

第四节 "健康体育"课程的实施内容

一、晨间体育活动

　　晨间体育活动,是一系列体育活动的统称,因通常在每天早晨开展,便被称为晨间体育活动,晨间体育活动组织方式往往受到园本课程、场地器械和师资的影响。大多数地区,晨间活动在幼儿一入园就开展,分为两个时段:第一个时段通常包括小型多样器械活动、体能大循环活动、大型运动器械活动、自主性体育游戏和特色体育游戏等,第二个时段通常包括广播体操、自编韵律操、特色操等操节内容。晨间体育活动是幼儿园体育活动的重要构成,也是幼儿每天体育活动1小时的保证。"健康体育"课程将晨间体育活动定位为幼儿体育练习的活动。其中,小型多样器械活动的关键词是幼儿"自主练",体能大循环活动的关键词是"体能和素质",大型运动器械活动的关键词是"综合游乐",自主性体育游戏活动的关键词是"创造性体育游戏",特色体育活动的关键词是"兴趣和擅长"。晨间体育活动的组织设计受幼儿园场地器械因素影响极大,"健康体育"课程建议晨间体育活动的形式尽可能丰富。例如,每天的晨间体育活动形式都不相同,随着学期进度和幼儿能力的变化,每种类型的器械和内容也应相应改变。

布置场地、准备器械 8:00—8:10
•师幼共同布置场地、准备器械

开展晨间游戏活动 8:10—8:40
•小型运动器械区、大型运动器械区、攀岩活动区、民间游戏区

收器械、调整和总结 8:40—8:45
•师幼共同收拾器械、调整,活动总结、评价

早操活动 8:45—8:55
•大班广播体操、武术操,中班广播体操、韵律操

图1　晨间活动的基本组织流程图(示例)

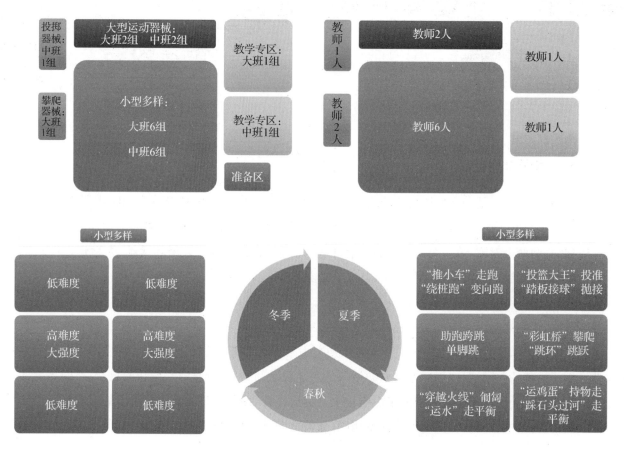

图 2　晨间体育活动安排(示例)(六个班级单片操场)

二、集体教学活动

1. 体育集体教学活动是幼儿园重要的体育活动形式。

在实践中,有些老师对于是否需要开展体育教学活动存在疑问。他们觉得幼儿每天都有充足的时间参加体育活动,为什么还要单独组织体育教学活动呢? 同时,教师也常常将幼儿体育活动视作体育游戏活动,觉得二者区别不大。对于这个疑问,冯晓霞教授在《〈3—6 岁儿童学习与发展指南〉解读》中的《在集体教学活动中使用〈指南〉》一文做了比较详细的解答:所谓幼儿园的集体教学活动,是作为和"一日生活活动"和"活动区活动"相配合、共同构成幼儿园生活的一类活动。体育集体教学活动具体是指:教师有目的、有组织的、班级所有幼儿都参加的教育活动;教师预成和生成的教育活动;单独一节课和围绕一个主题开展的教育活动;全班一起进行的和分小组同时进行的教育活动。体育集体教学活动的优点有:高效、经济和公平;对幼儿学习和发展的引领性强;系统性强;形成学习共同体,培养集体感。

2. 体育集体教学活动的关键特性是系统和高效。

系统是目标和内容层面的,是园本课程审议的结果,是针对幼儿知识经验的梳理,是幼儿所能掌握的表象或初级概念的知识体系中前学科体系和园本提炼出虽少但关键的复杂的知识的共同构成。因此,系统性决定了集体教学活动的目标和内容一定是"足够的关键"和"足够的复杂"。高效是实施层面的,是教师集体备课的结果,是针对目标和内容的教学设计,是在教学理念下采用教学结构,运用教学策略的过程。因此,高效体现在从不好到好,从不会到会。

但体育集体教学活动也存在组织难点:目标达成才高效、有效教学才经济、兼顾幼儿个体差异的组织才公平;教师正确理解了领域关键经验、教学内容的逻辑关系、幼儿的学习特点,有效的组织策略才有引领性;课程系统科学和课程审议科学,才能保障集体教学的系统性;良好的师幼互动、合作学习,保障幼儿交流、合作和分享的机会,才会有学习共同体。因此,有效组织体育集体教学活动至少需要五个层面的理解:对集体教学活动形式的理解;对各领域集体教学活动组织特点的理解;对各领域关键经验的理解;对各学科教学知识的理解;对各学科集体教学策略的理解。

本书中所提供的体育集体教学活动方案皆采用表格式,以便清晰呈现场地设计、器械布置、队形队列等要素(见下表)

表1　体育集体教学活动方案的要素

名称:本节体育活动的内容。	年龄班:六个年龄段,每个学期一个。
类别:学期常规基本动作、重要器械、经典游戏。	目标:认知、技能和素质、情意。
重难点:重要内容和学习中的困难之处。	准备:物质准备和经验准备。
内容:组织进程中的各环节名称。	进程:组织进程的内容。
场地:场地、队形队列和器械设计。	组次:此环节预设的练习量。
负荷:此环节预设的身心负荷。	时间:此环节预设的时间。

三、经典体育游戏

体育游戏活动是幼儿园体育活动的重要构成,也是课程游戏化在体育块面的内容呈现。幼儿热爱体育游戏。对幼儿而言,体育天然具备游戏性。"健康体育"课程将体育游戏作为幼儿园体育三个最重要内容(即晨间体育、体育教学和体育游戏)之一。"健康体育"希望幼儿能在三年的幼儿园生活中,循序渐进地学习并熟练掌握10—20个传统的经典的体育游戏(主要为民间体育游戏)。每天下午的体育游戏活动,能让幼儿热爱并擅长体育游戏,为终身体育服务,也为幼小衔接服务。

游戏是一种古老而普遍的活动,具有自由性、开放性、体验性,幼儿也正是因这三个特征而热衷游戏。游戏的过程本身就具有教育意义。游戏与教育的结合促使课程游戏化理念的提出。2014年,江苏省教育厅财政厅发布《关于开展幼儿园课程游戏化建设的通知》,并自此开始启动幼儿园课程游戏化建设。从发展的特点及方向出发,可以发现幼儿在心理上好奇心强,热衷于探索,生理上精力旺盛,肌肉耐力差,易疲劳但恢复快,因而围绕动作技能发展设计体育游戏对幼儿动作发展较有利。游戏化的体育活动既可以吸引幼儿参与,又可以将体育专项内容融入其中,从而促使幼儿在身体姿态、动作发展等方面得到提升。幼儿通过对游戏的理解,获得对动作的理解,这样活动是自然的、灵活的,而非系统的、书面的。

本书的体育游戏内容并非泛指全部类别的体育游戏,而是特指体育类的"有规则的游戏",主要内容为经典的传统的"民间体育游戏"。民间体育游戏有着悠久的历史,能体现当地的文化特色,展现当地的风俗特点,传承当地的文化基因。民间体育游戏有极强的娱乐性和趣味性,因此能流传至今。在民间体育游戏活动中,参与者可以感受到不同乐趣,放松身心,收获快乐。民间体育游戏的娱乐性、趣味性不仅体现在游戏的过程中,在游戏名称、内容等方面也有所体现。比如,"跳房子"民间体育游戏,在地面画房子、跳格子的过程是充满教育性和趣味性的,游戏名称也很有趣,能引发参与者对"房子怎么能跳"的好奇,进而增强参与者参加体育游戏的积极性。民间体育游戏源自广大民众的生活,是人们在娱乐活动中随机创造出来的,这使其具有较大的改造空间,教师可以在合理范围内对民间体育游戏进行改造。不同地区有不同的民间体育游戏,这些游戏含有许多自然或者社会方面的常识,体现了社会生活的多方面,因此,幼儿在参与民间体育游戏的过程中不仅能收获快乐,还能增长见识。同时,民间体育游戏虽然风格各异,但玩法都比较简单,易于学习和传播,即便是幼儿,也能在简单地了解游戏规则后快乐地体验游戏。此外,幼儿在进行民间体育游戏时,还能不自觉地传承当地的非物质文化遗产,增强对本土文化的认同,萌发爱民族、爱祖国的情感。

传统的经典的民间体育游戏对幼小衔接有着积极意义。随着学前教育理念的发展,当前幼儿园普遍对开放的自主的游戏更为重视,这对幼儿的发展有着积极的意义。但幼儿一日活动时间的有限性和幼儿园教育活动内容愈来愈丰富之间产生了矛盾,原有的一些传统经典的体育游戏内容渐渐减少。幼儿进入小学之后,往往并未掌握和热爱一些"有规则的"体育游戏,在课间活动中常常以追逐打闹为多,因此造成安全隐患。小学老师出于安全管理的需求,常对小学一年级的学生课间活动空间和内容进行限制。我们可以设想,如果幼儿在幼儿园阶段充分参与"有规则的"体育游戏活动,在进入小学之后的课间,他们应该更愿意选择与同伴开展这些体育游戏活动,而不是随意地追逐打闹。要擅长这些体育游戏,需要更多的"练习",因为更多的"练习"会带来更好的游戏状态、更强的运动技能、更强的自我保护能力和更多的"成功体验",这又会令他们更愿意选择开展游戏。这也是本书提倡幼儿园更多地开展体育游戏的一个目的。当然,基于"有规则的"体育游戏的价值和特点,在下午时间开展,对幼儿园的一日整体安排可能更加适宜。

四、亲子体育游戏

幼儿教育是包含幼儿园、家庭和社会三方的教育,体育也是如此。因此,亲子体育是"健康体育"课程的重要构成。在幼儿园里,幼儿在教师的带领下,参与幼儿园组织的各类型体育活动。在家庭和社会层面,在家长的陪同下,幼儿在周末和在假期也要参加体育活动。这些体育活动与幼儿园内的活动形成系统的衔接,即幼儿园所学所练所发展的体育能力,以各种体育游戏、体育作业或社会体育培训机构的方式,由家长陪伴幼儿运动,保证终身体育得到真正落实,达到"健康体育每一天"的目的。

实 践 篇

第一节　晨间体育活动

一、早操

◯ 上学期徒手操（模仿操）

预备姿势：自然站立（图1）

儿歌	动作说明
早上空气真正好，	两臂上举，向左右自然摆动。（图2）（图3）
我们大家来做操，	两臂胸前屈肘，后振三次放下。（图4）
伸伸臂，伸伸臂，	两臂侧平举，然后放下。（重复两次）（图5）
弯弯腰，弯弯腰，	两手叉腰，上体前屈两次。（图6）
踢踢腿，踢踢腿，	两手叉腰，左右腿向前各踢一次。（图7）（图8）
蹦蹦跳，蹦蹦跳，	两手叉腰，上跳四次。（图9）
天天做操身体好。	原地踏步。（图10）

图1

图2

图3

图4

图5

图6

图7

图8

图9

图10

◯ 下学期徒手操（模仿操）

预备姿势：自然站立（图1）

儿歌	动作说明
太阳眯眯笑，	两臂屈肘前上举，掌心向前，虎口相对比作太阳，然后两臂放下。（图2）
看我起得早，	两臂侧平举，然后放下。（图3）
举起小榔头，	两臂自然屈肘，两手半握拳在胸前做拿榔头状。（图4）
叮当叮当敲。	右手向左手敲击四次。（图4）
太阳眯眯笑，	动作同图2。
看我身体好，	动作同图3。
拿起小篮子，	两腿屈膝下蹲，同时两手在小腿前做拔草状。（图5）
田里去拔草。	由前向后拔草四次。（图5）
太阳眯眯笑，	动作同图2。
看我长得高，	动作同图3。
开起小飞机，	
飞呀飞得高。	两臂侧平举，上体向左右各侧屈两次。（图6）（图7）
太阳眯眯笑，	动作同图2。
看我做早操，	动作同图3。
蹦蹦又跳跳，	
锻炼身体好。	两手叉腰上跳四次。（图8）

图1　　　　图2　　　　图3　　　　图4

图5　　　　图6　　　　图7　　　　图8

二、晨间锻炼

◎ 上学期

活动 1　送小动物回家（走·灵敏）

练习密度	50%	运动负荷	小	指导需求	低
观察重点	1. 能否沿线行走。 2. 能否选择正确的路径送小动物回家，是否对应摆放。 3. 能否在老师的帮助下摆放路线。				
玩　法	1. 师幼共同布置小动物家的场景。 2. 师幼共同设计到小动物家的路线，摆放直线、折线、曲线等。 3. 幼儿在起点拿一个小动物，找到对应的家，沿着地面路线的走向，踩在绳子上走到小动物家，将小动物送到家里。 4. 送完一个小动物，回到起点，再送不同的小动物。 5. 幼儿游戏一段时间后，可以改变路线。 6. 教师根据幼儿完成的情况，可以在路线上增添一些小障碍，增加游戏的趣味性。				
规　则	1. 根据小动物选择相应的路线，送到对应的家里。 2. 每次拿一个小动物。 3. 送小动物回家后，按边上箭头指的方向返回起点。 4. 踩线前进，从线上掉下来返回起点重新开始。				
任　务	练习 3 次。送 3 种不同的小动物回家。				
器　械	1. 绳子 3 根，长 3—5 米，粗 5 厘米。可以摆放成不同的造型。 2. 小兔、小狗、小猫玩偶各 10 个。 3. 小兔、小狗、小猫的家（纸盒做的房子，房子上有小动物的标记，前面有门，可以将小动物放进去）。 4. 一个大篓子，放在起点。 5. 小树障碍、小草垛障碍。				
场　地					

活动2　拖小猪(走·灵敏)

练习密度	50%	运动负荷	中	指导需求	低
观察重点	1. 能否用圈拖着球行走。 2. 能否选择不同大小的圈或球进行拖球走的游戏。 3. 能否在指定的范围内进行游戏。 4. 能否根据圈和球的大小进行合理匹配。				
方　　法	1. 幼儿选择大小适合的圈和球。 2. 用圈套住球,拉着圈上的绳子在指定范围内拖拽。 3. 幼儿直接用圈套住球,拉着圈在指定范围内拖拽。 4. 教师根据幼儿完成的情况,可以在指定的范围内增添一些小障碍、小斜坡等,增加游戏的趣味性。				
规　　则	1. 用圈套住球,拉着球走,球不从圈里掉出。 2. 选择大小合适的球和圈进行配对,小圈配小球,大圈配大球。 3. 在指定范围内拖拽,发现障碍自主绕过,走过小桥。				
任　　务	1. 练习多次。 2. 自由拖拽,尝试绕过障碍,走过小桥。				
器　　械	1. 大小不同的圈,大圈直径60厘米,中圈直径40厘米,小圈直径20厘米。 2. 大小不同的各种类型球,如纸球、小皮球、刺猬球、足球等。 3. 4个小斜坡,高20厘米,长120厘米。 4. 小树障碍、小草堆障碍。				
场　　地					

活动3　小猫走迷宫(走·灵敏)

练习密度	50%	运动负荷	小	指导需求	低

观察重点	1. 能否按照迷宫的路线行走。 2. 能否和老师共同设计迷宫的路线。
方　法	1. 师幼共同设计、摆放迷宫的路线。 2. 幼儿佩戴小猫的头饰。 3. 幼儿在入口处拿一条小鱼,沿着设计的迷宫路线行走,将小鱼送入出口处篓子。 4. 送完一条鱼回到入口,再次游戏。 5. 幼儿游戏一段时间后,可以改变迷宫的路线。 6. 教师根据幼儿完成的情况,可以在迷宫里增添一些小障碍(小草垛、小树等),增加游戏的趣味性。
规　则	1. 走迷宫时从入口进,出口出,中间不跨越迷宫。 2. 每次拿一条鱼。 3. 送完鱼,从迷宫外围返回入口。
任　务	1. 送3条鱼到出口,即完成任务一次。 2. 完成2次任务后,在老师的帮助下,和同伴一起调整迷宫的路径。
器　械	1. 木条(长100厘米,宽5厘米)22个,可以摆放成不同的迷宫。 2. 小鱼玩偶若干。 3. 起点、终点各有一个大篓子。 4. 小树障碍、小草垛障碍。
场　地	

活动4　小马过河(走·灵敏)

练习密度	50%	运动负荷	中	指导需求	低
观察重点	1. 能否正向双脚交替走过平衡木。 2. 能否踩着高低不一的石头过河。 3. 能否手持物品走过平衡木、石头,物品不落地。				
方　　法	1. 师幼共同摆放平衡木和石头,设计路线。 2. 教师检查石头摆放的间距,及时进行调整。 3. 幼儿在起点拿一个小桶,根据自己的需要装粮食(重量不同的沙袋),数量不超过3个,走过平衡木和石头,将沙袋送到粮仓里。 4. 运完粮食回到起点,再进行一次游戏。 5. 幼儿游戏一段时间后,可以微调路线。 6. 教师根据幼儿完成的情况,也可以在设计的路线中增加其他走平衡的器械(如自制的梅花桩)。				
规　　则	1. 每次拿取粮食的数量不超过3个。 2. 和前一个小朋友保持一段距离。 3. 送完粮食,从边上箭头的方向返回起点。 4. 在行走的过程中,幼儿若从平衡木、石头上掉落,需回到原地再次开始。				
任　　务	1. 幼儿完成3次运送粮食的任务。 2. 粮仓里的粮食满了,师幼共同将终点的粮食运回起点。				
器　　械	1. 平衡木4—5个(长2米,宽20厘米、30厘米或40厘米)。 2. 石头一套。 3. 终点有一个大篓子。 4. 自制梅花桩6—8个。 5. 重量不同的沙袋,小桶若干。				
场　　地					

活动 5　会飞的阻力伞(跑·速度)

练习密度	100%	运动负荷	大	指导需求	低
观察重点	1. 能否掌握跑步的正确姿势,鼻子吸气,嘴巴吐气。 2. 奔跑的过程中,是否能打开阻力伞。 3. 能否坚持完成跑圈的任务。				
方　法	1. 幼儿在老师的帮助下,穿好阻力伞。 2. 幼儿绕着操场跑圈,从起点出发,跑一圈回到起点处,在身上贴一个小红星标记。 3. 可以将阻力伞替换成一根长长的尾巴(布条上面拴上可以发出响声的小铃铛或易拉罐等)或重量轻的小轮胎,激发幼儿参与活动的兴趣。				
规　则	1. 绕着操场外围跑圈,完成一圈得一个小红星标记。 2. 跑的过程中尽量加速,让身后的阻力伞能打开。				
任　务	1. 幼儿跑 3 圈即完成一次任务。 2. 每跑完一圈,记得拿取一个小红星。 3. 完成任务后,可更换材料再次进行游戏。 4. 幼儿跑完 3 圈,得到 3 个小红星标记即完成任务。				
器　械	1. 阻力伞 6 个。 2. 有装饰的尾巴(如拴上铃铛的布条)4 个。 3. 小轮胎 4 个,拴好绳子。小铃铛和易拉罐各 4 个。 4. 小红星标记(背面子母粘)若干。				
场　地					

活动 6　会转的风车(跑·速度)

练习密度	100%	运动负荷	大	指导需求	低

观察重点	1. 持物跑姿势是否正确,眼睛是否看前方。 2. 跑的过程中风车能否转动起来。 3. 能否与同伴一同游戏,享受跑步时风车转动的快乐。
方　法	1. 幼儿选择一个小风车,在指定的范围内,从起点跑到终点,绕立柱跑回来。 2. 两名幼儿各选择一个小风车,从起点处出发,跑到终点处,绕立柱跑回来,比一比谁跑得快。 3. 师幼共同将终点的立柱摆放在场地的边缘,幼儿可以绕着立柱跑。 4. 幼儿可以根据自己的喜好,选择可以手持的物品跑,如小圈、风车、彩带等。
规　则	1. 从起点出发,跑到终点,绕过立柱跑回来。 2. 完成 3 次,每次可以更换不同的手持物品。 3. 材料用完后放回原处,再交换游戏。
任　务	1. 幼儿更换不同的手持物。 2. 从起点出发跑到终点,绕立柱跑回来 3 次,即完成任务 1 次。
器　械	1. 有水底座的立柱 4 个,底座直径 30 厘米,高 120 厘米。 2. 小圈(直径 20 厘米)8 个,风车 8 个,彩带 8 根。
场　地	

活动 7　拉小车(跑·速度)

练习密度	100%	运动负荷	大	指导需求	低
观察重点	1. 幼儿是否能拉着小车在指定范围内跑。 2. 在运送货物的过程中,货物是否会掉落。				
方　　法	1. 幼儿选择一辆系着绳子的小车,在指定范围内(圈上或操场外围)跑。 2. 幼儿熟练掌握拉小车跑的方法后,可以在小车上增加纸盒等货物。 3. 幼儿玩送货的游戏,从起点出发,将货物送到终点。 4. 幼儿可以根据自己的能力,选择每次运送货物的数量。				
规　　则	1. 在指定范围内跑,眼睛看前方,避免与同伴碰撞。 2. 运送货物时,货物掉落要及时捡起放在车上。 3. 货物运送到终点,要摆放整齐。				
任　　务	从起点出发,运送货物至终点,运送 3 次即完成任务 1 次。				
器　　械	1. 系有绳子的小车 8 辆。 2. 大小不同的纸盒若干。 3. 大的篓子 2 个,起点、终点各放一个。				
场　　地					

活动8 给小动物送礼物(跑·速度)

练习密度	100%	运动负荷	大	指导需求	低

观察重点	1. 幼儿持物跑姿势是否正确,眼睛是否看前方。 2. 是否能将礼物送给相应的小动物。
方 法	1. 幼儿和教师共同布置游戏的场景,将小动物的家摆放在不同的位置,在起点处摆放礼物。 2. 幼儿在起点处拿一个礼物,看清楚礼物上的标记,送给对应的小动物。 3. 要给每个小动物送一个礼物。 4. 当幼儿熟悉游戏规则后,教师可在幼儿跑的路上增加一些障碍物,如小树林,小草垛等,幼儿要绕过、跨过障碍给小动物送礼物。 5. 游戏一段时间后,可将小动物家上的标记更换为颜色标记或点子标记,将礼物贴上相应的颜色标记或点子标记,幼儿根据标记送相应礼物给小动物。
规 则	1. 每次给不同的小动物送礼物。 2. 根据小动物家上的标记,给小动物送相应的礼物,礼物数量为1。 3. 礼物全部送完后,师幼共同将装满礼物的篓子拿到起点,将礼物重新布置好。 4. 送礼物的过程中,如果碰到障碍物要返回起点重新开始。
任 务	幼儿给3个不同的小动物送过礼物即完成任务。
器 械	1. 小动物的家3个,小狗、小猫、小兔的标记各一个,红色、蓝色、黄色标记各一个,1—3的点子各一个。 2. 大小不一的礼物盒若干,上面可以是动物标记、颜色标记、点子标记等。 3. 篓子3个,用来分类放礼物盒。 4. 小树障碍、小草垛障碍各4个。
场 地	

活动 9　打败灰太狼 1(跳·力量)

练习密度	50%	运动负荷	小	指导需求	低
观察重点	1. 能否双脚原地跳。 2. 能否根据垫子上灰太狼的数量跳相应的次数。 3. 能否根据垫子上的脚印,进行双脚跳和单脚跳。				
方　　法	1. 师幼共同布置场地。 2. 幼儿跳到有灰太狼图片的垫子上,双脚并拢原地向上跳,垫子下发出声音。 3. 幼儿选择不同的垫子进行双脚跳。 4. 幼儿根据垫子上灰太狼的数量,选择跳多少下。如:3 只灰太狼,跳 3 下。 5. 玩了一段时间后,可将灰太狼的图片替换成单脚或双脚的图片,幼儿根据图片上的脚印进行双脚跳或单脚跳。				
规　　则	1. 看准目标跳,让垫子发出声音。 2. 根据灰太狼的数量跳相应的次数。 3. 根据脚印,进行双脚跳或单脚跳。				
任　　务	打败所有灰太狼即完成任务。				
器　　械	1. 会响的气垫,上面贴有灰太狼图片。(灰太狼的数量为 1—5) 2. 隔音板,反面贴上两只脚印或一只脚印的图片。				
场　　地					

活动 10　小羊跳跳乐(跑·力量)

练习密度	100％	运动负荷	中	指导需求	中
观察重点	1. 能否掌握跳羊角球的方法。 2. 能否跳过低矮的障碍。 3. 能否沿着低矮的小桥跳。				
方　法	1. 幼儿在指定的空地自由练习跳羊角球的方法。 2. 师幼共同布置场景,放置低矮的草垛、波浪彩虹桥。 3. 幼儿按照指定路线跳羊角球,跳过低矮的草垛,从彩虹桥上沿直线跳过去。 4. 后期幼儿跳得很好的情况下,可以开展运送甜甜圈(小圈)的活动。在起点处拿甜甜圈,将甜甜圈套在羊角球的角上,运送到终点,按颜色进行摆放。				
规　则	1. 跳羊角球的时候,双手抓紧羊角。 2. 按照指定路线跳。 3. 运送甜甜圈,每次运送一个。				
任　务	1. 按要求跳过草垛和波浪彩虹桥即完成任务。 2. 运送 3 个甜甜圈即完成任务。				
器　械	1. 羊角球若干,小圈,篓子 2 个。 2. 低矮的草垛(长 30 厘米,宽 8 厘米,高 2 厘米)。 3. 波浪彩虹桥(长 2 米)。				
场　地					

活动 11　母鸡下蛋(跳·力量)

练习密度	50%	运动负荷	中	指导需求	低

观察重点	1. 能否掌握双脚原地向上跳的方法。 2. 能否跳过低矮的障碍。
方　法	1. 幼儿将 10 个鸡蛋装在母鸡的肚子(纸盒)里。 2. 幼儿将装有鸡蛋的纸盒绑在自己的身后。 3. 幼儿随音乐原地跳动,比一比谁最先把鸡蛋下完。 4. 在场地中增加篓子。 5. 幼儿在母鸡下蛋的过程中,对准篓子跳,让鸡蛋掉进篓子里。
规　则	1. 在指定的范围内跳。 2. 所有鸡蛋下完,重新开始游戏,将 10 个鸡蛋装到母鸡的肚子里。 3. 在跳的过程中,注意避让同伴。
任　务	10 个鸡蛋全部掉落即完成任务。
器　械	1. 母鸡下蛋的纸盒 8 个。(纸盒上贴有母鸡的标记,中间挖一个洞,盒子上绑着可以调节长度的带子) 2. 大篓子 8 个。 3. 可折叠围栏(长 10 米,高 80 厘米)。
场　地	

活动 12 小白兔种萝卜(跳·速度)

练习密度	100%	运动负荷	大	指导需求	中

观察重点	1. 能否掌握双脚行进跳的方法。 2. 能否跳过不同障碍。 3. 能否根据终点萝卜的标记,选择合适的路线种萝卜。
方　　法	1. 师幼共同设置小白兔种萝卜的 3 条路径,几个低矮的草垛放置一排,一条连续的圈,一条纸板的窄路,每条路径的终点处摆放一个盒子。 2. 幼儿拿一个萝卜,根据萝卜的颜色选择相应的路径,模仿小白兔跳到终点种萝卜。 3. 将手里的萝卜种在盒子里。 4. 幼儿游戏一段时间后,师幼可以共同调整路径。
规　　则	1. 每次选择一条路径,从起点出发到终点后从两边箭头处返回。 2. 幼儿每次拿一个萝卜。 3. 按照不同的路径按要求跳,如从低矮的草垛跳过去;在一个一个圈铺成的路上跳,跳在圈里;在纸板做的窄路上,沿着纸板跳。
任　　务	1. 将萝卜种在终点的盒子里。 2. 三条路都尝试一次,即完成任务。
器　　械	1. 萝卜若干 (用不织布制作的红萝卜、胡萝卜、白萝卜)。 2. 种萝卜的盒子(纸盒上面有洞,可以将萝卜插进去)。 3. 大小不同的两种圈(直径分别为 40 厘米和 60 厘米)若干。 4. 低矮的草垛 5 个。 5. 纸板(长 200 厘米、宽 40 厘米)2 块。 6. 小白兔挂牌 8 个。
场　　地	

活动 13　疯狂的企鹅(投掷·力量)

练习密度	50%	运动负荷	中	指导需求	中
观察重点	能否瞄准企鹅用力投掷小鱼。				
方　　法	1. 师幼共同布置场地。 2. 幼儿自选小鱼沙包站在线后,向前用力投掷企鹅,砸到企鹅即喂食成功。				
规　　则	1. 每次选择一条起始线,不能越过起始线,进行投掷。 2. 每次拿一条小鱼。 3. 等篓子里的小鱼都喂完后,幼儿一同将投掷出去的小鱼捡回。 4. 在有同伴捡拾小鱼时,不能进行投掷。				
任　　务	喂到 3 只小企鹅即为完成任务。				
器　　械	1. 不倒的小企鹅 8 个。 2. 各种小鱼沙包若干。 3. 3 条起始线。				
场　　地					

活动 14　放烟花(投掷·力量)

练习密度	50%	运动负荷	小	指导需求	小
观察重点	能否用力向上抛出烟花,让烟花散开。				
方　　法	1. 幼儿自选一个烟花。 2. 用力向上抛出烟花,致烟花须子散开。				
规　　则	1. 投掷时关注身边的同伴,在指定范围内找空地向上抛。 2. 幼儿每次拿一个烟花。 3. 投掷前检查烟花的须子是否塞在烟花桶里。				
任　　务	向上投掷 5 次,每次烟花须子都能散开即完成任务。				
器　　械	烟花(用纸筒和彩色纸条制作而成)人手一个。				
场　　地					

活动 15　喂你吃糖果(投掷·力量)

练习密度	50%	运动负荷	中	指导需求	小

观察重点	1. 能否用力向前抛出糖果。 2. 能否瞄准小动物的大嘴巴。
方　　法	1. 幼儿选择一颗糖果站在起始线上。 2. 双脚自然分开,右手放在肩上,瞄准小动物的嘴巴用力向前投掷。 3. 分别选择另外两条起始线尝试投掷。
规　　则	1. 站的位置不能超过起始线。 2. 同伴在拿糖果的时候,幼儿不投掷。 3. 拿糖果的时候,左手扶住小动物,右手撕下糖果。
任　　务	1. 给 3 个小动物都喂了糖果。 2. 尝试过在 3 条起始线给小动物喂糖果。
器　　械	1. 小熊、大老虎、小猴头像各一(嘴巴部分做大,用子母粘的子粘代替),固定在墙面上。 2. 糖果若干,用母粘包裹糖果外面。 3. 起始线 3 条。
场　　地	起点

活动 16　打败灰太狼 2(投掷·灵敏)

练习密度	100%	运动负荷	大	指导需求	中
观察重点	1. 能否用力向前抛出沙包、纸球等。 2. 能否掌握向前投掷的动作要领。 3. 能否瞄准移动的灰太狼进行投掷。				
方　法	1. 师幼共同布置场地。 2. 幼儿站在爬网的后面,教师躲在灰太狼纸板的后面。 3. 教师手持灰太狼纸板在爬网前左右前后移动。 4. 幼儿瞄准灰太狼投掷。 5. 教师扮演的灰太狼根据幼儿投掷的情况,调整位置。 6. 所有投掷物投完后,幼儿一起捡回投掷物再次进行游戏。				
规　则	1. 双脚自然分开,右手放在肩上,用力向前投。 2. 选择合适的位置进行投掷,不能从爬网中间进行投掷。 3. 前方有幼儿捡拾沙包时,其余幼儿不能投掷。				
任　务	1. 打败灰太狼,灰太狼退至后面。 2. 尝试用不同的投掷物投掷。				
器　械	1. 爬网一组(50 厘米×50 厘米的网子)。 2. 灰太狼纸板 1—2 个,高度 1 米,后面有把手可以抓着。 3. 沙包若干,纸球若干。				
场　地					

活动 17　小老鼠钻隧道(爬·耐力)

练习密度	100%	运动负荷	中	指导需求	小
观察重点	1. 能否掌握手膝着地向前爬的动作要领。 2. 能否在爬的过程中眼睛看着前方。				
方　　法	1. 师幼共同布置场地,将彩虹隧道摆放在场地上,前面增加拱门。 2. 幼儿戴上小老鼠的头饰,从起点处爬过彩虹隧道,弯腰钻过拱门。 3. 幼儿练习一段时间后,增加一些小果子,幼儿身穿可自粘的背心,将果子粘在身上爬过隧道,钻过山洞,将果子运送到终点。				
规　　则	1. 幼儿手膝着地向前爬。 2. 过拱门时,弯腰钻过拱门,不碰到拱门。 3. 每次运送一个果子,粘贴在背心上。 4. 沿着箭头指向的标记向前走。				
任　　务	1. 爬过隧道,钻过山洞。 2. 运送 3 个果子即完成任务。				
器　　械	1. 彩虹隧道(长 2 米)2 个。 2. 拱门(高 70 厘米)3 个。 3. 自粘背心 8 件。 4. 水果若干(可自粘)。 5. 箭头标记 2 个。加:小老鼠头饰若干。				
场　　地					

活动 18　小乌龟爬山坡(爬·耐力)

练习密度	100%	运动负荷	大	指导需求	中

观察重点	1. 能否熟练掌握手膝着地向前爬的动作要领。 2. 能否在爬的过程中眼睛看着前方。 3. 在爬的过程中能否根据场地调整爬行的速度。
方　　法	1. 师幼共同布置场地,在垫子下面增加轮胎,单独用轮胎搭成山坡。 2. 幼儿背着乌龟壳,从起点处爬过垫子山坡、轮胎山坡。 3. 幼儿练习一段时间后,可增加一些小毛绒动物玩具,幼儿把毛绒动物玩具塞在乌龟壳下面,将其送回家。
规　　则	1. 幼儿手膝着地向前爬,眼睛看着前方。 2. 上坡的时候加快速度,下坡的时候控制速度。 3. 每次运送一个小动物,反手塞在自己的乌龟壳里,也可以请同伴帮忙。 4. 爬到终点后将小动物送到对应的家里。
任　　务	1. 爬过垫子山坡、轮胎山坡。 2. 运送 3 个不同的小动物回家即完成一次任务。
器　　械	1. 可折叠的垫子 6 张。 2. 轮胎 20 个。 3. 乌龟壳 8 个。 4. 小动物毛绒玩具(如小兔、小猫、小狗)若干。 5. 箭头标记 3 个。
场　　地	

活动 19　小猫捉老鼠(爬·速度)

练习密度	100%	运动负荷	大	指导需求	中
观察重点	1. 能否熟练掌握手膝着地向前爬的动作要领。 2. 能否根据球的速度调整爬的速度。				
方　法	1. 师幼共同布置场地,将垫子摆放在场地上。 2. 幼儿头戴小猫的头饰。 3. 从起点处将贴有老鼠图像的球向前滚,幼儿在后面爬着追球。 4. 追到球后沿着箭头所指方向返回起点。				
规　则	1. 幼儿手膝着地向前爬。 2. 顺着垫子摆放的方向先滚球再追球。 3. 如果没有追到老鼠重新游戏一次。				
任　务	快速爬,捉到老鼠即成功一次。				
器　械	1. 垫子 12 张。 2. 贴有老鼠图像的球 6 个。 3. 小花猫头饰 6 个。				
场　地					

活动 20　小鸡捉虫(钻·柔韧性)

练习密度	100%	运动负荷	大	指导需求	中
观察重点	1. 能否掌握正面钻的动作要领。 2. 能否在钻山洞时不碰到山洞。 3. 能否根据篮子上的点子数量拿取相应数量的虫子。				
方　　法	1. 师幼共同布置场地,3 个拱门连续摆放,前面散放虫子。 2. 幼儿在腰间系上一个小篓子。 3. 从起点出发,弯腰正面钻过拱门。 4. 来到草地上,根据篓子上点子的数量拿取相应数量的毛毛虫。 5. 幼儿练习一段时间后,可增加平衡木、梅花桩等,增加游戏的趣味性。				
规　　则	1. 幼儿正面弯腰钻过山洞。 2. 碰到山洞返回起点重新开始。 3. 按照篮子上的点子数量拿取相应数量的虫子。 4. 捉到虫子后从箭头指示的方向返回。				
任　　务	1. 成功钻过山洞,没有碰到山洞即获胜。 2. 所有虫子捉回来即完成任务。				
器　　械	1. 拱门 9 个。 2. 可以系在腰间的小篓子。 3. 虫子若干。 4. 平衡木 3 个、梅花桩若干、波浪彩虹桥。 5. 箭头标记 2 个。				
场　　地					
保护方法	教师站在终点处中间,重点关注幼儿走梅花桩的情况,注意保护,发现幼儿害怕或失去平衡站不稳,及时搀扶。				

活动 21　小刺猬摘水果(滚·灵敏)

练习密度	100%	运动负荷	中	指导需求	小

观察重点	1. 能否初步掌握侧滚的动作要领。 2. 能否将水果分类摆放。
方　法	1. 师幼共同布置场地,摆放大的垫子,上面洒满各种水果。 2. 幼儿穿上可以自粘的背心。 3. 平躺在垫子上左右来回侧滚翻。
规　则	1. 幼儿在指定的范围内进行侧滚翻。 2. 将身上的水果分类进行摆放。
任　务	1. 来回翻滚 5 次。 2. 按照种类对水果进行分类。
器　械	1. 垫子 6 张。 2. 自粘背心 6 个。 3. 双面子母粘的水果若干。
场　地	

活动 22　斜坡翻滚(滚·速度)

练习密度	50%	运动负荷	中	指导需求	中
观察重点	1. 能否感受侧滚的动作要领。 2. 能否顺着坡道侧滚。				
方　　法	1. 师幼共同布置场地,在斜坡前面摆放垫子。 2. 幼儿爬到斜坡上,侧身躺好。 3. 能力较弱的幼儿可由教师轻推,然后自然侧滚。 4. 能力较强的幼儿,可以自行侧滚,感受自然侧滚的动作要领。 5. 幼儿在平的垫子上尝试进行侧滚。				
规　　则	1. 幼儿侧滚时双臂从耳侧向上伸直,腿伸直。 2. 有幼儿在侧滚时,斜坡下面不能站人。				
任　　务	完成斜坡侧滚 3 次。				
器　　械	1. 斜坡一个。 2. 垫子 2 张。				
场　　地					
保护方法	教师站在斜坡最高处的边上,帮助幼儿摆好姿势,提醒幼儿手臂和腿伸直,关注幼儿翻滚的方向,注意保护幼儿,发现幼儿偏离坡道,及时接住。				

活动 23　小滚筒(滚·速度)

练习密度	50%	运动负荷	中	指导需求	中
观察重点	1. 能否平躺在滚筒里左右翻滚。 2. 能否一名幼儿躺在滚筒里,另一名幼儿推着滚筒向前走。				
方　　法	1. 一名幼儿选择一个滚筒,平躺在滚筒内,左右来回翻滚。 2. 两名幼儿合作游戏,一名幼儿平躺在滚筒里,另一名幼儿推着滚筒向前方走动。 3. 从起点出发,到达终点。两人交换位置,原路返回起点。				
规　　则	1. 找空的地方进行游戏。 2. 两人游戏时,推滚筒的幼儿要控制好速度。 3. 眼睛看着前方,避免与同伴碰撞。 4. 从起点出发,到达终点后原路返回。				
任　　务	从起点到终点,到达终点换人,返回即完成任务。				
器　　械	1. 滚筒 4 个。 2. 起点线、终点线各 1 条。				
场　　地					
保护方法	教师站在场地内,关注幼儿的安全状况,提醒幼儿慢慢推,注意避让同伴。发现幼儿偏离方向,教师及时帮助其回归路线。				

活动 24　营救小动物(滚·速度)

练习密度	100%	运动负荷	大	指导需求	中
观察重点	1. 能否抱着长条抱枕向前行进侧滚。 2. 能否按路线进行游戏。				
方　法	1. 师幼共同布置场地。 2. 幼儿选择一个长条的小动物抱枕。 3. 幼儿用双手双脚抱住长条的小动物抱枕向前侧滚,将抱枕送到指定的家里。 4. 游戏一段时间后,可添加障碍,增加游戏的趣味性。				
规　则	1. 双手双脚要抱紧长条的小动物抱枕。 2. 按照路线完成营救任务。 3. 前一个小朋友从垫子上站起来,第二个小朋友再出发。				
任　务	营救 3 个小动物即完成任务。				
器　械	1. 大垫子 2 张。 2. 长条小动物抱枕 8 个。 3. 平衡木 2 个,彩虹隧道 1 个。				
场　地					

○ 下学期

活动 1　小蚂蚁运甜甜圈(走·力量)

练习密度	50%	运动负荷	小	指导需求	低
观察重点	1. 能否推着轮胎向前走。 2. 能否按路线推轮胎向前走。				
方　　法	1. 师幼共同布置活动场地,师幼共同设计不同的路线,摆放直线、折线、曲线等形式。 2. 幼儿佩戴小蚂蚁胸饰。 3. 幼儿在起点拿一个轮胎(甜甜圈),沿着路线将轮胎推到终点。 4. 从两边箭头的方向将甜甜圈运回到起点,选择不同的路线再次进行游戏。 5. 幼儿进行一段时间后,可以改变路线。 6. 根据幼儿完成的情况,教师可以在路线上增添一些小障碍,增加游戏的趣味性。				
规　　则	1. 选择不同的路线运送甜甜圈。 2. 运送到终点后从箭头的方向返回起点。				
任　　务	选择不同的路线运送甜甜圈。				
器　　械	1. 绳子 3 根,长 3—5 米,粗 5 厘米。可以摆放成不同的造型。 2. 轮胎 6 个。 3. 小树障碍、小草垛障碍。 4. 起始线、终点线各 1 条。 5. 小蚂蚁胸饰。				
场　　地					

活动 2 赶小猪(走·灵敏)

练习密度	50%	运动负荷	中	指导需求	中

观察重点	1. 能否用棍子赶着球向前走。 2. 能否根据需要选择不同大小的球。
方　　法	1. 师幼共同布置场地。 2. 幼儿选择一根棍子,一个合适的球。 3. 幼儿用棍子赶着球(小猪)向前走,将小猪赶到终点的足球网里。 4. 根据幼儿完成的情况,教师可以在指定的范围内增添一些小障碍、小斜坡等,增加游戏的趣味性。
规　　则	1. 用棍子赶着球(小猪)走,能控制小猪的速度。 2. 选择不同大小的球(小猪)游戏。 3. 将小猪赶到网里后,从箭头的方向返回终点,再次进行游戏。 4. 在赶小猪的过程中,注意避让同伴,棍子不要碰到其他小朋友。
任　　务	将 3 只小猪赶回家。
器　　械	1. 棍子长 30 厘米,粗 5 厘米。 2. 大小不同的球,如纸球、小皮球、刺猬球、足球等。 3. 小斜坡 4 个,高 20 厘米,长 120 厘米。 4. 小树障碍、小草堆障碍。
场　　地	

活动3　小鸭走路(走·耐力)

练习密度	50%	运动负荷	中	指导需求	中
观察重点	1. 能否穿大脚掌走路。 2. 能否绕过或跨过障碍物。 3. 能否按小鱼的颜色进行分类。				
方　　法	1. 师幼共同摆放障碍物。 2. 幼儿穿上大脚掌。 3. 幼儿在起点处拿一条小鱼,选择一条路将小鱼送到对面仓库,并按颜色进行分类。 4. 送完一条鱼,从两边箭头标记方向回到起点,再次游戏。 5. 幼儿进行一段时间后,可以调整障碍的位置。				
规　　则	1. 幼儿自己尝试穿上大脚掌,教师为能力弱的幼儿提供帮助。 2. 每次拿一条鱼,送到终点,并按照颜色进行分类。 3. 大脚掌碰倒障碍物要扶起来。				
任　　务	1. 选择3条不同的路送鱼,送3条即完成任务一次。 2. 完成2次任务后,在老师的帮助下,和同伴一起调整或替换障碍物。				
器　　械	1. 小鸭的大脚掌8副,上面有松紧带,适合幼儿穿脱。 2. 小鱼玩偶若干。 3. 终点有3个贴着颜色标记的大簸子。 4. 小树障碍、小草垛障碍、波浪彩虹桥。				
场　　地					

活动4　杂技运动员(走·灵敏)

练习密度	100%	运动负荷	中	指导需求	中

观察重点	1. 能否双脚正向交替连续走过平衡木、跨过小草垛。 2. 能否头顶沙包保持平衡,物品不落地。
方　法	1. 师幼共同摆放平衡木和小草垛,设计路线。 2. 能力较弱的幼儿可以选择小篓子套在头顶,将沙包放在小篓子里。能力较强的幼儿,可以选择直接将沙包放在头顶上。 3. 运完粮食(沙包)回到起点,再进行一次游戏。 4. 幼儿进行一段时间后,师幼可以调整路线。
规　则	1. 幼儿每次拿取1个沙包放在头顶上,双手打开保持平衡。 2. 前一个小朋友走到第2个平衡木,后面的小朋友再出发。 3. 将粮食送到终点后,从边上箭头的方向返回起点再次进行游戏。 4. 在行走的过程中,若粮食从头顶掉落,则返回起点重新开始。
任　务	1. 幼儿每次拿一个粮食(沙包),完成3次运送粮食的任务即完成任务。 2. 粮仓里的粮食满了,师幼共同将终点的粮食运回起点。
器　械	1. 平衡木2个。 2. 彩虹波浪桥2个。 3. 小草垛4个。 4. 沙包若干(重100克、125克、150克)。
场　地	

活动5　我和轮胎赛跑(跑·速度·力量)

练习密度	100％	运动负荷	大	指导需求	低
观察重点	1. 幼儿在奔跑的过程中跑步姿势是否正确。 2. 幼儿奔跑的速度是否能追上轮胎滚动的速度。 3. 能否正确地向前滚轮胎。				
方　　法	1. 教师用力向前推轮胎,幼儿随即追赶轮胎,最先抓到轮胎即获胜,贴一颗小星星。 2. 幼儿自选一个轮胎,能力较弱的幼儿可以选择大一点的轮胎,能力较强的幼儿可以选择小一点的轮胎,幼儿在起点处向前用力滚出轮胎,追赶自己的轮胎,追到轮胎贴一颗小星星。				
规　　则	1. 先滚轮胎再追,从起点处开始滚。 2. 教师滚轮胎幼儿追时,提醒幼儿眼睛看前方,注意避让同伴。 3. 幼儿自己滚轮胎时注意避让同伴,不要碰到一起。 4. 需要更换器械时,将器械归位后再次进行游戏。				
任　　务	1. 教师滚轮胎幼儿追,追到即获胜。 2. 幼儿滚大小不同的两种轮胎各一次,获得两颗星星即完成任务。				
器　　械	1. 大轮胎6个 ,小轮胎6个。 2. 起始线、终点线各一条。				
场　　地					

活动 6　小蜗牛背房子(跑·速度)

练习密度	100%	运动负荷	大	指导需求	低

观察重点	1. 能否完成背球跑。 2. 跑的过程中能否找到加快速度的方法。
方　　法	1. 师幼共同布置场地。 2. 幼儿选择一个球,双手抱住球背在后背。 3. 从起点出发,快速跑向终点。 4. 将球放在篓子里,从两边箭头的方向跑回来。 5. 再次游戏,可以选择不同大小的球。 6. 随着幼儿游戏的深入,可以在跑的路上设置一些障碍,如小树丛,增加游戏的趣味性。
规　　则	1. 从起点出发,跑到终点,放下球,从两边箭头处跑回来。 2. 可以更换不同大小的球,但一定要双手抱住球放在背后运送到终点。 3. 球全部运送完以后,幼儿则从终点向起点运球。 4. 幼儿在跑的过程中眼睛要看前方,避免和同伴碰撞。 5. 跑的过程中,碰倒障碍要及时扶起,返回起点重新开始。
任　　务	幼儿运送 3 次球即完成一次任务。
器　　械	1. 皮球、足球、篮球、刺猬球若干。 2. 起始线、终点线各 1 条。 3. 小树丛障碍若干。
场　　地	

活动 7　盖房子(跑·速度·灵敏)

练习密度	100%	运动负荷	大	指导需求	中
观察重点	1. 幼儿能否向指定方向跑。 2. 幼儿能否掌握正确的跑步姿势。 3. 幼儿能否根据图纸搭建简单的房子。				
方　法	1. 师幼共同布置场景。 2. 每个幼儿选择一个要盖的房子的图纸。 3. 幼儿从起点出发,根据图纸,每次选择一块积木跑着送到指定地点。 4. 最快完成图纸上房子搭建的幼儿获胜。				
规　则	1. 看清图纸上的积木,在规定的位置选取积木,跑到终点进行搭建。 2. 运送积木的途中,注意积木不要碰到同伴。				
任　务	按图纸完成搭建即完成任务。				
器　械	1. 各种形状的积木若干,按形状分类装在篓子里。 2. 房子的图纸 8 张。 3. 起点线、终点线各 1 条。				
场　地					

活动 8　小小运货员(跑·速度)

练习密度	100%	运动负荷	大	指导需求	中
观察重点	1. 幼儿能否推着篓子向前跑。 2. 在推篓子的过程中能否保持平衡,沿直线跑。				
方　　法	1. 幼儿和教师共同布置游戏的场景。 2. 幼儿在起点处拿一个大篓子,反过来倒扣在地上。 3. 幼儿从起点处推着篓子跑向终点,绕过障碍再跑回来。 4. 在幼儿熟练掌握推着篓子跑的方法后,可增加运送礼物盒的情节,如幼儿在倒扣的篓子下面放一个球,推着篓子将球运到终点。 5. 游戏一段时间后,可在跑的路线上增加一些障碍,幼儿在推篓子跑的过程中要避开障碍。				
规　　则	1. 根据自己的身高选择合适高度的篓子。 2. 在推篓子跑的过程中,注意观察避让同伴。 3. 每次运一个球,将球放在倒扣的篓子里。				
任　　务	1. 推着篓子快速跑到终点 3 次。 2. 成功运送 3 个球。				
器　　械	1. 大号篓子、中号篓子各 4 个。 2. 皮球若干,终点线、起点线各 1 条。小树障碍 8 个。				
场　　地					

活动9 小动物跳(跳·力量)

练习密度	100%	运动负荷	中	指导需求	中
观察重点	1. 能否掌握直线跳、左右行进跳、单脚跳的基本动作。 2. 能否根据垫子上的脚印进行跳的游戏。 3. 能否根据小动物匹配相应的食物。				
方 法	1. 师幼共同布置场地,在线的两边摆放脚印,前方摆放小动物(小青蛙、小公鸡、小猴子)的家。 2. 幼儿选择一种食物,找到对应的路线,模仿该小动物跳,将食物送给小动物。				
规 则	1. 每次拿一种食物找到对应小动物的路线。 2. 按照脚印跳。				
任 务	给每一个小动物送一次食物。				
器 械	1. 绳子3根。 2. 单脚、双脚标记若干。 3. 3个小动物的家。				
场 地					

活动 10　掷骰子跳格子(跳·力量)

练习密度	100%	运动负荷	大	指导需求	大
观察重点	1. 能否掌握双脚连续向前跳的动作要领。 2. 能否根据骰子上的标记选择合适的路线连续跳。				
方　法	1. 师幼共同布置游戏场地。 2. 幼儿选择一种形状(颜色)的骰子,向上掷骰子。 3. 幼儿根据骰子上的标记,在地垫上选择相应的形状(颜色),从起点处向前行进跳,跳至终点。 4. 幼儿游戏一段时间后,可以在图形上增加小动物头像(数量在 5 以内)和 1—5 的点子骰子,幼儿可以根据点子数量,选择数量相同的小动物,从起点跳到终点。				
规　则	1. 先掷骰子,再从起点跳到终点。 2. 每次选择一个骰子。更换骰子时,先把之前用的骰子放回原处再换。 3. 幼儿在跳的过程中注意避让同伴,不要碰撞。 4. 若跳错标记,则返回起点重新开始。 5. 幼儿跳完后从垫子两边走回来。				
任　务	1. 根据骰子的标记选择路线,从起点跳到终点即完成任务。 2. 每种形状(颜色)的骰子都要玩到。				
器　械	1. 跳格子布 3 张(长 240 厘米,宽 160 厘米)。 2. 骰子(能区分形状或颜色)3 个。				
场　地					

活动 11　小猴摘桃(跳·灵敏)

练习密度	100%	运动负荷	大	指导需求	大
观察重点	1. 能否掌握从高处向下跳的方法。 2. 跳下时手能否摘到桃子。				
方　法	1. 师幼共同布置场地。 2. 幼儿用跳的方法跳上跳箱,从最高的跳箱跳下。 3. 幼儿进行一段时间后,教师根据幼儿的发展能力,可以在前方增加悬吊的桃子,引导幼儿用手去抓前方的桃子。 4. 可以增加垫子等,丰富游戏情节。				
规　则	1. 幼儿能一层一层跳上最高的垫子。 2. 与前一名幼儿保持距离,前一名幼儿跳下时,后一名幼儿出发。 3. 能力较弱的幼儿如果不能一层层跳上垫子,可以爬上去。 4. 跳下后从垫子两边箭头处走回来。				
任　务	1. 能跳过每一层垫子,然后从高处跳下。 2. 能摘到桃子。				
器　械	1. 跳箱一套。 2. 立柱 2 根,拴绳子,绳子上面挂着水果。 3. 箭头标记 2 个。				
场　地					
保护方法	教师站在最高的跳箱边上,当幼儿从高处往下跳时,提醒幼儿双脚轻轻落地,身体尽量直,保持平衡,不要向前扑。关注下面的垫子是否错位。				

活动 12　小青蛙跳荷叶(跳·耐力)

练习密度	100％	运动负荷	大	指导需求	中
观察重点	1. 能否掌握跳跳杆的使用方法。 2. 能否保持身体的平衡。 3. 能否跳在荷叶上,尝试根据数序来跳荷叶。				
方　　法	1. 师幼共同布置小场景,摆放荷叶。 2. 幼儿拿一个跳跳杆模仿小青蛙跳,在空地上进行练习。 3. 练习后可以到场景中进行跳荷叶的游戏。 4. 可以在荷叶上贴 1—5 的点子,引导幼儿按照数字的顺序跳。 5. 幼儿进行一段时间后,可以增加一些低矮的障碍,跳过障碍,丰富游戏的情景性。				
规　　则	1. 幼儿选择空地自由练习时,避免与同伴碰撞。 2. 幼儿眼睛看前方,跳在荷叶上,注意避让同伴。 3. 按照数序跳荷叶。				
任　　务	1. 能掌握跳跳杆的方法,向上、向前进行跳跃。 2. 按照数字向前跳。				
器　　械	1. 跳跳杆 8 个,1—5 的数字点子。 2. 大小不同的荷叶。 3. 低矮的小石头障碍。				
场　　地					

活动 13 跳伞神兵(投掷·力量)

练习密度	50%	运动负荷	小	指导需求	小
观察重点	1. 能否向上抛接。 2. 能否接住落下的降落伞。				
方　　法	1. 幼儿拿一个降落伞找空地向上抛。 2. 降落伞落下的时候,幼儿用手接住。				
规　　则	1. 每次选择一个降落伞,在指定区域向上抛,避免碰撞同伴。 2. 收拾好材料才能离开。				
任　　务	接住 3 次即完成任务。				
器　　械	1. 降落伞 8 个。 2. 篓子 1 个。				
场　　地					

活动 14　看谁飞得远(投掷·力量)

练习密度	50%	运动负荷	小	指导需求	小
观察重点	1. 能否掌握正确向前投掷的方法。 2. 能否体会飞弹、火箭飞得远的快乐。				
方　　法	1. 幼儿自选一个鱼雷飞弹。 2. 站在起始线前,用力向前投出鱼雷飞弹,看能投过哪一条线。 3. 幼儿可以找一个同伴,比一比谁投得远。 4. 幼儿也可以选择软式火箭进行投掷游戏。				
规　　则	1. 投掷时注意观察,如前方有人则不能投掷。 2. 站在起始线后面,不能踩到投掷线。 3. 将自己用过的材料放在指定的篓子里再换材料。				
任　　务	1. 能投过第一条线、第二条线、第三条线(分别距离起始线2米、3米、4米)。 2. 鱼雷飞弹和软式火箭都要试一试。				
器　　械	1. 鱼雷飞弹6个。 2. 软式火箭6个。 3. 起始线4条。				
场　　地	起点				

活动 15　垃圾分类(投掷·灵敏)

练习密度	50%	运动负荷	小	指导需求	小
观察重点	1. 能否掌握下手投掷的方法。 2. 能否根据沙包颜色投进相应颜色的垃圾桶。				
方　　法	1. 师幼共同布置场地。 2. 幼儿站在投掷线后面,拿一个沙包,用下手投掷的方法,根据沙包颜色投进相同颜色的垃圾桶里。 3. 游戏进行一段时间后,教师可以在沙包上粘贴一些幼儿熟悉的垃圾的图片,幼儿可以根据图片的内容进行垃圾分类。				
规　　则	1. 双脚自然分开,单手从下向上将沙包投进垃圾桶里。 2. 双脚不能越过起始线。 3. 将沙包投进相应颜色的垃圾桶。 4. 按沙包上的图片内容将沙包投入相应的垃圾桶。				
任　　务	每种颜色的沙包都投进一次。				
器　　械	1. 红色、蓝色、绿色、灰色的垃圾桶各一。 2. 红色、蓝色、绿色、灰色的沙包若干。 3. 起始线一条。				
场　　地					

活动 16　圈圈套(投掷·灵敏)

练习密度	50%	运动负荷	小	指导需求	低

观察重点	1. 情境类小物品是否摆放正确。 2. 幼儿使用过小圈后是否将小圈归位。 3. 游戏难度是否适宜。
方　　法	1. 师幼共同布置场地。 2. 幼儿在投掷线前投掷。 3. 幼儿取圈瞄准投掷。每次取 3 个圈,投完为止。 4. 投中一个物品,即可以将其拿走,替换一个新的物品上去。
规　　则	1. 不能踩到投掷线。 2. 碰倒目标物要扶起来。 3. 没投中物品,再尝试一次。
任　　务	练习 1 次,投 3 个圈,投完为止。
器　　械	1. 毛绒玩具、小汽车(直径小于 20 厘米)等若干,摆成三角形,越远的物品越大,数量越少。 2. 直径 20 厘米的塑料圈 30 个。 3. 小圈架 2 个。 4. 投掷线一条。
场　　地	

活动 17　小猪运西瓜（爬·耐力）

练习密度	100%	运动负荷	大	指导需求	中

观察重点	1. 能否熟练掌握手膝着地向前爬的动作要领。 2. 能否在爬的过程中头顶着球向前爬。
方　　法	1. 师幼共同布置场地。 2. 幼儿头上戴小篓子，选择一条路线进行游戏。 3. 拿一个西瓜（篮球），将西瓜放在前方，从起点处爬垫子，用头上的篓子推着西瓜向前爬。 4. 幼儿练习一段时间后，可以在垫子底下放置小轮胎，形成小山坡，丰富游戏情景。 5. 幼儿将西瓜运到终点，放在篓子里，按两边箭头指示的方向走回来，再次进行游戏。
规　　则	1. 幼儿手膝着地向前爬。 2. 用头上的篓子顶着球向前爬。 3. 如果球滚到垫子外面，捡回来从原地开始继续向前爬。 4. 按箭头方向回到起点。
任　　务	头顶西瓜到终点。
器　　械	1. 垫子 9 张。 2. 篓子 6 个，上面拴着松紧带。 3. 篮球 12 个。 4. 轮胎 3 个。 5. 箭头标记 2 个。
场　　地	

活动 18　小动物探险(钻爬·耐力·灵敏)

练习密度	100%	运动负荷	大	指导需求	中

观察重点	1. 能否进一步掌握钻、爬、走的动作要领。 2. 能否在游戏过程中,根据情况选择钻或爬的动作。 3. 能否克服困难,坚持完成任务。
方　　法	1. 师幼共同布置场地,将轮胎布置成轮胎小山,轮胎架布置成山洞。 2. 幼儿从起点出发,运用钻、爬、走的方法到达终点。 3. 到达终点后,贴一个星星贴纸在头上,即完成一次挑战。 4. 幼儿练习一段时间后,可以适当调整路线。
规　　则	前一名小朋友钻过轮胎架子,后一名小朋友再出发。
任　　务	1. 完成一次探险得一个星星贴纸。 2. 得了 3 个星星贴纸即挑战成功。
器　　械	1. 大轮胎 20 个。 2. 轮胎架 1 个。 3. 梯子 2 个。 4. 箭头标记。 5. 星星贴纸 1 张。
场　　地	
保护方法	教师站在轮胎和竹梯交接的地方,关注梯子是否摆正,幼儿有困难可以搀扶一下。

活动 19　小螃蟹爬(爬·耐力)

练习密度	100%	运动负荷	大	指导需求	小
观察重点	1. 能否掌握手足爬的动作要领。 2. 能否在爬的过程中,控制身体不碰到障碍物。				
方　　法	1. 师幼共同布置场地。 2. 幼儿背上小螃蟹的壳。 3. 从起点出发,选择一条路线,模仿小螃蟹手足爬向前进。				
规　　则	1. 幼儿手足着地侧着向前爬。 2. 按绳子、障碍筒、平衡木摆放的方向爬。 3. 碰倒障碍物要及时扶起来。				
任　　务	3 条不同的路线都尝试过一次即完成任务。				
器　　械	1. 绳子 1 根。 2. 轮滑桩 20 个。 3. 平衡木 2 个。 4. 小螃蟹壳 8 个。				
场　　地					

活动 20　老鼠打洞(钻爬・耐力・灵敏)

练习密度	100%	运动负荷	大	指导需求	中

观察重点	1. 能否熟练掌握钻、爬的动作要领。 2. 能否在游戏过程中根据情况选择钻或爬的动作。 3. 能否合理布置场地。
方　　法	1. 师幼共同布置场地,将迷宫攀爬网进行组合。 2. 幼儿头戴小老鼠帽子。 3. 幼儿从起点出发,运用钻或爬的方法到达终点。 4. 幼儿练习一段时间后,可以适当调整爬网的组合形式。 5. 后期还可以增加拱门、平衡木等,丰富游戏的情境。
规　　则	1. 幼儿根据迷宫攀爬网摆的方向选择爬或钻的动作。 2. 等前一名小朋友出发到一半,后一名小朋友再出发。 3. 教师要检查幼儿摆的路线是否能够通行,并进行适当调整,保证路线畅通。
任　　务	钻或爬过迷宫攀爬网组成的路线即完成任务。
器　　械	1. 迷宫攀爬网一套。 2. 小老鼠帽子 8 顶。
场　　地	
保护方法	教师站在迷宫攀爬网高的地方,提醒幼儿有洞的可以钻,没有洞相通的可以爬过去。

活动 21　超级压路机(滚·灵敏)

指导需求	小	练习密度	100%	运动负荷	大

观察重点	1. 能否进一步掌握侧滚的动作。 2. 能否每次完成拿物品的任务。 3. 游戏难度是否适宜。
方　　法	1. 师幼共同布置场地,中间摆放小垫子(竖放),垫子两侧,一侧摆放一个装满玩具的篓子,一侧摆放一个空篓子。篓子放在幼儿方便拿取的位置。 2. 幼儿平躺在垫子中间朝右侧滚,模仿压路机,将玩具从一端移至另一端。
规　　则	1. 幼儿手臂和腿要伸直。 2. 每次拿一个玩具。
任　　务	将玩具从一端运送到另一端即完成任务。
器　　械	1. 垫子4张。 2. 篓子8个,4篓玩具。
场　　地	

活动 22　会转的陀螺(滚·灵敏)

练习密度	100%	运动负荷	大	指导需求	中

观察重点	1. 能否跟随陀螺转动的方向摇摆,在陀螺中保持平衡。 2. 能否让陀螺顺着一个方向转动。
方　　法	1. 师幼共同布置场地。 2. 幼儿选择一个陀螺。 3. 在老师的帮助下,感受陀螺的左右摇晃。 4. 跟随陀螺的摇晃不断调整身体的位置,保持平衡。 5. 尝试通过自己滚,让陀螺顺一个方向转动。 6. 在陀螺的边上摆放一些小动物玩偶,幼儿在转动的时候可以营救小动物。
规　　则	1. 幼儿坐在陀螺里,双手要抓紧陀螺的边缘。 2. 一人一个陀螺。 3. 陀螺和陀螺之间要保持一定的距离。 4. 每次营救一个小动物。
任　　务	1. 跟随陀螺左右摇摆,身体保持平衡。 2. 幼儿能顺着一个方向转。 3. 救 3 个小动物即完成任务。
器　　械	1. 大陀螺 4 个。 2. 小动物玩偶若干。
场　　地	

活动 23　奔跑吧！彩虹滚筒（滚·速度）

练习密度	100%	运动负荷	大	指导需求	中
观察重点	\[1. 能否熟练运用侧滚的动作。 2. 能否快速进行侧滚。\]				
方　法	\[1. 师幼共同布置场地。 2. 幼儿选择一个彩虹滚筒在空地上练习。侧滚的距离在 3 米左右，可以根据幼儿的实际情况进行调整。 3. 幼儿练习熟练后，多名幼儿进行比赛，在起始线处准备，一起向终点处侧滚，比一比谁最先到达终点。\]				
规　则	\[1. 每人拿一个彩虹滚筒，找空地方进行练习。 2. 在起始线后面等待，听到"开始"再一同出发。 3. 侧滚过程中，发现偏离位置及时调整。\]				
任　务	能连续侧滚。				
器　械	\[1. 彩虹滚筒 6 个。 2. 起始线、终点线各 1 条。\]				
场　地					

起点　　　　　　　　　　　　　　　　　终点

活动 24　丛林探险(滚·速度·灵敏)

练习密度	100%	运动负荷	大	指导需求	中

观察重点	1. 能否综合运用侧滚、钻爬、跳等动作完成探险任务。 2. 能否按照路线进行游戏。 3. 能否按照标记提示完成动作。
方　　法	1. 师幼共同设置丛林探险的情境。布置好场地,幼儿在器械上贴标记,教师检查标记玩法是否合适。 2. 幼儿从起点开始,根据每个障碍的标记提示完成探险任务。如:按顺序排列的轮胎上贴着脚印,幼儿顺着脚印走;大垫子上贴着一个人躺着手脚伸直的标记,幼儿躺着侧滚;拱门上贴着幼儿正面钻的标记,幼儿钻过去;斜坡上贴着一个人躺着手脚伸直的标记,幼儿从斜坡上滚下去等。 3. 幼儿练习一段时间后,可以更换玩的方式,调整标记或去掉标记,调动幼儿已有的经验进行游戏。 4. 可以增加一些器械,丰富游戏情景。
规　　则	1. 从起点出发。 2. 前一名幼儿和后一名幼儿保持一段距离。
任　　务	从起点到终点,按照标记提示完成游戏。
器　　械	1. 三角斜坡垫 1 个。 2. 大垫子 1 张。 3. 轮胎 10 个。 4. 拱门 4 个。 5. 大、小圈各 5 个。
场　　地	

第二节 集体教学活动

表 1 小班体育集体教学活动学年计划表

类 别	内 容	比 重（%）	上学期 内 容	上学期 时数	下学期 内 容	下学期 时数
目 标	运动参与		乐于参加体育活动,对体育游戏有浓厚的兴趣。			
	运动能力		知道最基本的动作名称;初步掌握最基本的动作要领;在教师的帮助下科学运动。			
	身心发展		在教师的提示下保持正确的身体姿态;初步了解运动中身体的各主要部位;喜欢参加体育集体活动。			
	社会适应		愿意与同伴一起运动;在提醒下遵守体育集体活动的规则;与同伴冲突时听从劝解。			
基本动作	走	11	走线	1	走独木桥	1
			走曲线	1		
			走平衡桥	1		
	跑	11	听信号跑	1	听信号跑	1
			四散跑	1		
			指定方向跑	1		
	跳跃	15	高跳下	1	跳远	1
			连续双脚跳	1	连续单脚跳	1
					纵跳触物	1
	抛与投	9	投掷	1	抛准	1
			自抛	1		
	体操（钻爬滚翻钻）	15	手膝爬	1	转圈	1
					手足爬	1
					钻爬	1
					侧滚	1
重要器械	球类	24	好玩的球	2	小篮球	2
			小篮球	1	幼儿足球	2
			幼儿足球	1		
	综合	3			占圈钻圈	1
常 规	体育常规	6	小班上常规	1	小班下常规	1
	复习测评	6	小班上复习测评	1	小班下复习测评	1
总 计		100		17		17

◎ 上学期

活动 1　常规——我的身体最神气

年 龄 班	小班上学期	类　别	学期常规
目　　标	1. 知道体育活动的常规,知道游戏"我的身体最神气"的玩法。 2. 跟随老师完成准备、放松活动,发展身体的协调性。 3. 喜欢体育游戏,仔细倾听老师讲解。		
重 难 点	1. 体育课基本常规以及热身活动、放松活动。 2. 没有老师的带领能熟记热身操节。		
准　　备	环境准备:20 米×20 米以上软场地。 经验准备:会听简单的指令。		

内　容	进　　程	场　地	组次	负荷	时间(分钟)
热身准备	1. 师幼问好。 2. 一路纵队慢跑 100—150 米。	图 1	1	中大	3
介绍体育课的常规要求	1. 体育课的着装要求:穿宽松的衣裤,穿运动鞋(跑得快,保护脚)。 2. 体育课的卫生知识:热了主动告诉老师,老师帮助幼儿脱衣服;运动前少量喝水,运动完如果出汗较多,多喝点水;手不能放进嘴巴;运动完要洗手。 3. 体育课的安全知识:活动时手不能放在口袋里;在活动的过程中注意安全,保护好自己,保护好身边的小伙伴。 4. 讲解准备活动和放松活动的作用:"准备活动是为了小朋友们运动起来不受伤,而且还能跑得更快,跳得更高","放松活动是为了让小朋友们运动之后的肌肉休息一下,人会变得舒服"。	散点	1	中	5

介绍体育课的常规要求	5. 讲解基本哨音:开始哨——一短声;结束哨——两短声;集合哨——一长一短;提醒哨——四连音。老师边吹边讲解,然后老师吹幼儿抢答。	散点	1	中	5
游戏:我的身体最神气	幼儿间隔开站点子,跟随老师做热身游戏操(每节操四个八拍)。 头颈运动——点头摇头。教师:"抬头看看天,低头看看地,摇摇头。" 肩部运动——电风扇。教师:"小手放在肩膀上变成电风扇转一转,快一点,再快一点,换个方向,慢一点……" 体侧运动——随风摇摆的小树。教师:"伸直一只手臂,另一只手叉腰,变成一棵小树,风来啦,把树吹弯啦!" 体转运动——旋转木马。教师:"双手弯曲放在胸前变成小木马,左转转,右转转。" 膝盖运动——高人矮人。教师:"蹲下变成小矮人,站起来变成高人。" 手腕运动——旋转的球。教师:"双手握紧变成球,转一转,快快转,慢慢转。" 脚踝运动——小钻头。教师:"脚尖向下点地变成钻头,听老师的口令快慢交替转动脚踝。" 跳跃运动——兔子跳。教师:"原地模仿小兔子跳一跳,小脚要轻轻落地哦,不能被大灰狼听到声音。"	散点	1	大	5
放松结束	1. 放松并总结。 2. 收拾器械,活动结束。	同图1	1	小	2

活动 2　走线——逛动物园

年 龄 班	小班上学期		类　　别	基本动作
目　　标	1. 知道走直线的动作,并学会玩"逛动物园"的游戏。 2. 尝试沿着不同的线路行进走,动作自然、协调。 3. 喜欢参与体育活动。			
重 难 点	1. 沿直线走的基本动作。 2. 较灵活地按指令沿不同线路行走。			
准　　备	环境准备:正方形、长方形、多边形等不同的线路场地,小羊、小兔、小猴的家,标记板。 经验准备:幼儿一个跟着一个走。			

内　容	进　　　程	场　地	组次	负荷	时间(分钟)
热身准备	1. 师幼模仿小鸡走、汽车跑、解放军走、解放军跑,走跑交替 100 米。 2. 常规热身:头颈、肩部、体侧、体转、膝盖、手腕、脚踝、跳跃。 3. 专项准备:听指令向指定方向直走。 教师:"小孩小孩真爱玩,走到老师面前来。" (幼儿走向老师) 教师:"小孩小孩真爱玩,走到滑梯前面去。" (幼儿走向滑梯) 提醒幼儿走着过去,不要跑。 幼儿改变方向练习3—4次。		1	大	3
游戏: 逛方形动物园	1. 沿方形路线行进走。 教师:"我们来玩逛动物园的游戏,在小羊、小兔、小猴的家的外围走走看看,注意不要走到里面去。" 2. 幼儿自选线路场地(绿色)游戏,尝试沿着地上的标记板开始行走,顺着一个方向走。 3. 分享交流走的方法(眼睛看好线,自然向前走,转弯继续走)。 4. 幼儿再次练习,逛逛不同小动物的家。	散点	2	中大	3

续　表

游戏： 逛多边形 动物园	1. 沿多边形路线行进走。 　教师："我们来逛逛不同的动物的家,有小鹿的家、小孔雀的家、小马的家。这次路线有变化了,你们还能在小动物家外面走走逛逛吗? 一起来试一试。" 2. 幼儿自选线路场地(蓝色),在标记板处开始行走,在转角处注意拐弯继续走。 3. 交流多边形路线行走的方法(看好线,拐小弯,自然向前走)。 4. 幼儿再次练习,尝试逛逛不同小动物的家。	散点	2	中 大	4
游戏： 给小动物 拍照	1. 介绍游戏玩法、游戏规则。 　教师："我们来给小动物拍张照片,自己找到一个小动物的家,沿着标记板向前走,沿着小动物的家外面走一圈,拍一张照片(拿一张小图片),再换一个小动物的家去拍照,看看你能为哪些小动物拍拍照。" 2. 幼儿游戏,教师指导幼儿眼睛看好地上的路线向前走,注意行走的速度。 3. 分享拍到的照片,根据游戏情况提要求。 4. 幼儿再次游戏,教师根据幼儿游戏情况适当要求快速走。	散点	2	大	3
放松结束	1. 放松活动,重点放松腿部。 2. 总结活动,师幼共同收拾场地。	散点	1	小	2

活动 3　走曲线——摘果子

年 龄 班	小班上学期		类　别	基本动作

目　标	1. 在游戏情境中,尝试沿曲线走一段距离。 2. 能沿着线的弯曲方向行进走,动作协调,转弯较灵活。 3. 喜欢参加体育活动,并能根据自己的兴趣选择路线活动。
重 难 点	1. 沿着曲线走的动作。 2. 沿线走时保持身体动作稳定。
准　备	物质准备:场地上的线条、圆圈,彩色曲线线条 4 条。音乐,果子和小动物图片,篓子,标记板。 经验准备:会看标记,会走直线。

内　容	进　程	场　地	组次	负荷	时间(分钟)
热身准备	1. 师幼跑步热身 100 米。 2. 常规热身:头颈、肩部、体侧、体转、膝盖、手腕、脚踝、跳跃。 3. 专项准备:围个小圆走走,初步感受转弯的动作。	 图1	1	大	3
游戏: 摘苹果	1. 学习沿曲线走的动作。 　教师:"苹果成熟啦,我们一起去摘苹果,去果园的路上要走过弯弯的小路,小脚要走在小路上,注意看好路的方向,不要掉进旁边的水沟里,走到果园摘一个苹果,再从旁边的小路跑回来。" 　教师示范,重点演示沿着路走。 2. 幼儿游戏。教师观察幼儿沿线走的动作。 3. 集中交流。请个别幼儿示范,引导幼儿重点观察小脚踩在线上走。 　小结:怎样走小路不会掉进旁边的水沟里,眼睛要看好路的方向,小脚可以踩在线上走,快要转弯的时候注意看好,脚步带着转(头抬起、眼看前、"1,2,1,2"跟着走)。	散点	2	中大	3

游戏： 摘苹果	4. 幼儿再次练习走小路，试试选择不同形状的路线走。 5. 游戏"摘苹果"。 　教师："从小路上走过去，摘一个苹果，从旁边跑回来，放在前面篓子里。"	散点	2	中 大	3
游戏： 摘橘子	1. 巩固沿曲线走的动作。 　教师："橘子熟了，我们再去摘橘子，去橘子园的小路有些不一样，比苹果园远一些，注意看好小路，用我们刚才学到的好办法走过去，摘一个橘子，再从旁边的小路跑回来。" 2. 幼儿自选线路游戏。教师引导幼儿注意观察路线，脚踩线走。 3. 交流沿曲线行走的方法（眼看前、大步走、转弯看好走过去）。 4. 幼儿再次游戏，走得稳的幼儿可适当走快，每人摘一个橘子回来。	散点	2	大	4
游戏： 送水果	1. 熟练掌握沿曲线走的动作。 　教师："我们把水果送给小动物，从弯弯的小路走过去，再从旁边的草地跑回来。" 2. 幼儿示范。教师引导幼儿观察走曲线时又快又稳的方法（看好路、大步走、转弯快快走过去）。 3. 幼儿游戏，教师观察幼儿的动作。 4. 小结幼儿的游戏情况并提出新的要求：每一种颜色的小路都去走一走。 5. 幼儿再次游戏。	散点	2	大	3
放松结束	1. 放松活动，重点放松腿部。 2. 总结活动，师幼共同收拾场地。	散点	1	小	2

活动 4　走窄低矮平衡桥——送果果

年　龄　班	小班上学期	类　　别	基本动作

目　　标	1. 学习走低矮平衡桥的动作,下桥时轻轻跳下。 2. 能在游戏情景中走得又快又稳,身体平衡,动作协调。 3. 在提醒下能遵守游戏规则。

重 难 点	1. 走过低矮平衡桥的动作。 2. 在平衡桥上快走时保持身体平衡。

准　　备	物质准备:美羊羊家(数量与幼儿组数相等),苹果若干(与幼儿人数相等),平衡木板和波浪板各 3 个。 经验准备:会看标记,会走直线。

内　容	进　　程	场　　地	组次	负荷	时间 (分钟)
热身准备	1. 情景导入。 　教师:"小羊们,今天天气真好,我们要锻炼身体! 快来和大家一起运动起来吧。" 　师幼跑步热身 100 米。 2. 常规热身:头颈、肩部、体侧、体转、膝盖、手腕、脚踝、跳跃。 3. 专项准备:迷迷转,边念儿歌"迷迷转、迷迷转,大风来了我就站"边做转身动作。儿歌念完站住不动,进行顺时针、逆时针方向变换及快慢变化。		1	大	3
游戏: 找果果	1. 情境导入:"美羊羊生病了,要找到苹果树,吃了树上的苹果才会好。神奇的苹果树在很远的地方,要走过窄窄的小桥,不能掉进小河里,我们都是勇敢的小羊羊,一定要快快走过桥,找到苹果,摸一摸做个记号。 2. 每位幼儿自己选择一座小桥走过,找到苹果摸一下,从旁边跑回来。 3. 交流分享,教师:"你们是怎么样又快又稳地走过小桥的?"	散点	2	中大	5

游戏: 找果果	请个别幼儿示范,教师小结:走过小桥的时候,身体要站直,眼睛向前看,走在桥中间,脚步交替走。 4. 增加游戏情景。教师:"我们找到了苹果。苹果还要再长大些才好吃。我们快快走过小桥去给苹果浇浇水,注意不要掉下桥,走完可以轻轻跳下桥,注意要站稳。" 5. 幼儿再次自选路线游戏,尝试走不同的小路去给苹果树浇水,再从两边跑回来。教师巡回观察指导,鼓励幼儿眼睛向前看,脚步走快走稳,下桥动作要轻,要站稳。	散点	2	中 大	5
游戏: 送果果	1. 情景导入:苹果长大了,我们去摘苹果送给美羊羊吧! 走过小桥的时候,眼睛注意向前看,又快又稳地走过桥。每人摘一个苹果,再从旁边的小路跑回来,把苹果放在前面的篓子里。 2. 幼儿自选线路游戏。教师引导幼儿上桥、下桥时注意安全,走过小桥时眼睛向前看,脚步走稳,提醒幼儿身体站直,不要掉下桥。 3. 增加游戏情景:灰太狼也要来摘苹果,这次小羊要快快走过桥,注意不要掉下桥。 幼儿再次游戏,尝试加快速度走过小桥,摘一个苹果从旁边回来放在篓子里。 4. 交流在小桥上快走的方法(眼向前看、大步走、身体站直心不慌)。 5. 幼儿再次游戏,走小桥把苹果送到美羊羊家。	散点	3	大	5
放松结束	1. 放松活动,重点放松腿部。 2. 总结活动,师幼共同收拾场地。	散点	1	小	2

活动5　高跳下——小青蛙学本领

年龄班	小班上学期		类　别	基本动作
目　标	1.学习高处跳下的动作要领,初步理解高处跳下自我保护的重要性。 2.从不同的高度安全跳下,发展跳跃能力和平衡能力。 3.喜欢参加体育活动,在提醒下遵守游戏规则。			
重难点	1.高处跳下的自我保护动作。 2.勇于从高椅子跳下并做好自我保护动作。			
准　备	物质准备:平衡木4张 、"小昆虫"若干、高低不同的小椅子2张、小筐子4个。 经验准备:熟悉常规热身,掌握接力游戏规则。			

内　容	进　程	场　地	组次	负荷	时间(分钟)
热身准备	1.一路纵队慢跑100—150米。 2.常规热身:头颈、肩部、体侧、体转、膝盖、手腕、脚踝、跳跃。 3.专项准备:原地向上跳。	图1	1	中大	3
游戏:模仿小青蛙	1.教师:"小朋友们知道青蛙是怎么跳的吗?找空地方模仿一下。" 2.休息,幼儿示范并小结青蛙跳的要领:双脚分开跳,落地要蹲下。 3.教师提升:双脚落地时模仿青蛙叫声——"呱"。 4.再次游戏,游戏过程中教师重复动作要领:"脚分开、落地蹲、喊声呱。"	散点	2	中大	2
游戏:小青蛙爱跳水	1.幼儿分成4队,站在4张平衡木上(平衡木之间间隔2米以上)。 2.听到教师发出"开始"口令后向下跳,落地屈膝下蹲,嘴巴喊"呱"。	图2	4—5	大	3

游戏： 小青蛙 爱跳水	3. 教师检查幼儿落地姿势,提醒幼儿脚分开, 双手向前伸,再游戏 3—4 次。 4. 游戏过程中教师重复动作要领:"脚分开、手 往前、要蹲下、喊声呱。"	图2	4—5	大	3
分层游戏： 小青蛙 捉害虫	1. 教师:"小青蛙是捉害虫的能手,我们也来模 仿一下,看看小朋友们能捉到多少害虫吧! 小青蛙跳水的台阶有高有低,你们可以自己 选择游戏路线。" 2. 幼儿自选线路站成四队,其中两队的台阶是 平衡木,一队的台阶是矮椅子,一队的台阶 是高椅子,台阶前的地上放若干"小昆虫"。 幼儿从台阶上跳下后抓一只"小昆虫"跑回 起点,放在起点处的筐里面,然后下一名幼 儿出发,每名幼儿游戏 2 次。 3. 主班老师站在平衡木中间观察和保护,配班 老师站在两张小椅子中间观察和保护,重点 保护高椅子上的幼儿以及平衡能力较弱、动 作发展滞后的幼儿。 4. 休息,小结,鼓励幼儿换路线再次游戏。 5. 休息,小结,幼儿自我鼓励,换路线再次 游戏。	图3	3	中 大	5
放松结束	1. 放松并总结。 2. 收拾器械,师幼再见。	同图1	1	小	2

活动 6　听信号跑 1——小老鼠学本领

年　龄　班	小班上学期		主　　题	基本动作
目　　标	1. 初步学习跑步时摆动手臂,鼻子吸气、嘴巴吐气的方法,会玩"猫捉老鼠"的游戏。 2. 在游戏情境下完成听信号跑,动作协调,速度较快。 3. 愿意参与躲藏游戏,并体验群体游戏的快乐。			
重　难　点	1. 听信号跑时的呼吸和摆臂。 2. 遵守游戏规则,游戏中会找空地方。			
准　　备	物质准备:猫胸饰 1 个、铃鼓、轮胎(人手 1 个)、猫的家、毛球若干个、音乐等。 经验准备:会玩"小孩小孩真爱玩"的游戏。			

内　容	进　　程	场　　地	组次	负荷	时间(分钟)
热身准备	1. 一路纵队慢跑 100—150 米。 　要求:一个跟着一个跑,跟上前面的小朋友。 2. 常规热身:头颈、肩部、伸展、下蹲、扩胸、腹背、脚踝、手腕、跳跃。 3. 专项准备:正压腿、原地走跑练习。	 图 1	1	中大	3
游戏:老鼠老鼠真爱玩(学习跑的动作)	1. 幼儿自由练习四散跑,教师观察。 　教师:"老鼠最大的敌人是谁? 如果猫来了,我们应该怎么办呢? 你们会不会跑? 跑的时候注意找空的地方哦,不要和其他小老鼠撞到一起。" 2. 学习跑的动作。 　请个别幼儿示范。 　教师指导动作要领:摆动手臂,鼻子吸气、嘴巴呼气。 3. 幼儿再次游戏,练习听信号走跑交替。 　教师:"这次小老鼠跑的时候要听妈妈的铃声,拍铃鼓就走,摇铃鼓就跑。" 4. 游戏:老鼠老鼠真爱玩。(游戏 3 遍)	散点	3	中大	5

续　表

游戏:猫捉老鼠 (巩固听信号跑)	1. 创设情境,教师介绍游戏。 　教师:"小老鼠住在哪里? 哪里有洞? 你们会躲到洞里吗?" 2. 教师带领幼儿练习躲藏的方法。 　要求:每个洞里躲一只小老鼠。 　找靠自己最近的洞,轻轻地躲进去。 3. 教师和幼儿共同游戏。 　第1遍:小老鼠和妈妈一起去老猫家,看一看老猫醒没醒。 　第2遍:小老鼠和妈妈一起到猫家拿糖豆。	图 2	2	大	6
放松结束	1. 听音乐放松,重点放松腿部。 2. 小结活动内容,收拾器械。	散点	1	小	2

活动 7　小皮球——好玩的球

年 龄 班	小班上学期	类　　别	器械

目　标	1. 知道用手玩球的不同方法,知道玩球过程中的卫生和安全要求。 2. 能用球进行各种各样的游戏,发展身体协调性。 3. 喜欢参加体育运动,喜欢和同伴一起游戏。

重 难 点	1. 球的多种玩法。 2. 自抛自接球、单手拍球。

准　备	物质准备:小皮球若干。 经验准备:知道基本常规。

内　容	进　　程	场　　地	组次	负荷	时间(分钟)
热身准备	1. 一路纵队慢跑 100—150 米。 2. 常规热身:头颈、肩部、体侧、体转、膝盖、手腕、脚踝、跳跃。 　玩球的卫生要求:脏手不要擦汗,不能放进嘴巴。	图 1	1	中大	3
探索球的多种玩法	1. 教师:"大家找一个空地方,用手玩一玩球,想一想,有多少种玩法?" 2. 幼儿找空地玩球,教师观察并提醒幼儿注意玩球的安全性,同时记下玩球的方法。	散点	1	中大	1
游戏:好玩的球(拍球)	1. 休息,小结球的玩法。(拍球、抛球、滚球) 2. 找空地拍球。 　教师:"可单手拍,也可双手拍,不会拍的可以将球竖直放下后待球弹起并双手抱住。" 3. 幼儿展示单手拍球。	散点	1	中大	2
游戏:好玩的球(抛球)	1. 找空地自己抛球自己接。 　教师:"朝正上方抛,先抛低一点,两只手抱球接。" 2. 请自抛自接成功次数高的幼儿展示。	散点	1	中大	2

游戏: 好玩 的球 (滚球)	1. 将球放在起点线上,听到哨音后用力向前滚球,并观察自己的球滚到了何处。给球滚得最远的幼儿掌声。 2. 捡球,再次比赛。 3. 追球:将球放在起点线上,听到哨音后用力向前滚球,球滚出后立刻追自己的球,在球滚出指定区域之前按住它即获胜。	 图 2	2	中大	2
游戏: 好玩 的球	1. 教师:"除了刚才玩球的方法,小朋友们还有其他玩法吗?" 2. 幼儿示范其他玩法,教师根据玩法的可玩性进行选择,找1—2种玩法组织幼儿一起游戏。	散点	1—2	中大	3
放松结束	1. 放松并总结。 2. 收拾器械。	同图1	1	小	2

活动8　篮球球性——抓老鼠

年 龄 班	小班上学期	类　　别	基本动作
目　　标	1. 知道球号的意义,知道球性练习的方法;会用篮球玩"抓老鼠"的游戏。 2. 在球性练习中做到不掉球,在游戏中及时抓住滚出去的球;发展玩球以及身体协调能力。 3. 喜欢玩小篮球,愿意和小朋友一起游戏。		
重 难 点	1. 小篮球球性。 2. 游戏中球速非常快的情况下依然能够追到并抓住球。		
准　　备	物质准备:3号小篮球若干。 经验准备:有快速跑的经验。		

内　　容	进　　程	场　　地	组次	负荷	时间(分钟)
热身准备	1. 一路纵队慢跑100—150米。 2. 常规热身:头颈、肩部、体侧、体转、膝盖、手腕、脚踝、跳跃。	图1	1	中大	3
篮球小知识	1. 教师:"小朋友们看一看球,能不能找到一个数字,是几?" 2. 解释球号的意义:球号越大,球就越大。成人比赛标准篮球用球是7号球,幼儿园小朋友用球一般是3号球。 3. 教师:"大家用力挤一挤球,能不能把它挤扁,里面充的是什么?" 4. 讲解使用满气篮球注意事项:不能坐,不能踢,不能朝人和易碎的东西扔球。	散点	1	中大	1
篮球球性游戏:托球	掌心托球。幼儿找空地,将球放在一只手的掌心上,另一只手放在背后,将球缓慢托起直到手臂伸直,再将球缓慢放下直到手臂水平。在这个过程中,保持掌心平稳,尽量让球不掉落。换只手再次游戏。	散点	1	中大	2

篮球球性游戏：绕球	1. 额头绕球。 　将球放在额头上,利用手指的拨动,使球绕额头正转一圈,再反向转一圈。 2. 腰部绕球。 　将球放在肚子上,利用手指的拨动,使球绕腰部正转一圈,再反向转一圈。 3. 膝盖绕球。 　双膝并拢,将球放在膝盖上,利用手指的拨动,使球绕膝盖正转一圈,再反向转一圈。	散点	1	中大	2
篮球球性游戏：抓老鼠	1. 教师:"现在我们手里的球变成了一只小老鼠,我们来比一比哪只老鼠跑得远。" 2. 幼儿将球放在起点线上,听哨音将球用力向前滚出,观察自己的球停在了何处,给球滚得最远的幼儿鼓掌。 3. 小结滚球的方法:双脚分开站在球的两侧,两只手同时用力向前拨球。 4. 再次比赛。 5. 游戏"抓老鼠"。 　教师:"一会我们把老鼠放出去之后要用最快的速度追上老鼠并且把它按住。跑的时候看好前方,不能碰撞。" 6. 游戏2—3次。	 图2	4—5	大	5
放松结束	1. 放松并总结。 2. 收拾器械。	同图1	1	小	2

活动 9　投掷——羊村保卫战

年 龄 班	小班上学期	类　别	基本动作
目　标	1. 初步掌握向前投掷的动作,了解"羊村保卫战"游戏方法。 2. 大多数幼儿能投掷一定的高度和远度,发展手臂的力量。 3. 喜欢参加集体体育活动,在教师提醒下遵守游戏规则。		
重难点	1. 手臂用力向前向上投掷,注意看清目标物的位置。 2. 投掷移动的目标物时,注意调整手臂方向。		
准　备	物质准备:平均每人 4 个投掷物(沙包、纸球、软球),1 米高的羊村栅栏,1 米高的大灰狼装饰 2 个。 经验准备:会向前投掷沙包。		

内　容	进　程	场　地	组次	负荷	时间 (分钟)
热身准备	1. 情景导入:"小朋友们,今天我们来扮演羊村里的小羊。我们的任务是保卫我们的羊村。我是你们的村长,跟着我一起到羊村里面看一看吧!" 师幼一路纵队慢跑 100 米。 2. 常规热身:幼儿站纵队,教师带领幼儿活动身体关节,头颈、肩部、体侧、体转、膝盖、手腕、脚踝、跳跃。 3. 专项准备:大风车游戏。幼儿打开两臂同时做绕环运动,根据教师的口令向前后绕环、加速和减速。	 图 1	1	大	3
游戏: 驱赶 大灰狼	1. 情景导入:"你们看,这是村长新建的栅栏,可以防止大灰狼进来。为了赶走大灰狼,我还给小羊们准备了许多武器,只要用这些武器砸到大灰狼,大灰狼就会逃跑了。" 教师介绍场地和玩法:前面是用网格爬爬架组成高低不同的栅栏,沙包散落在幼儿前面,幼儿投完一个后,继续拾取后再次进行投掷,直至沙包投掷完,游戏结束。配班教	 图 2	2	中 大	5

游戏： 驱赶 大灰狼	师扮演大灰狼在城墙外立住不动，引导幼儿向前投掷沙包，大灰狼注意躲避，当沙包快投掷完的时候，大灰狼失败退场。 2. 幼儿游戏，教师指导。幼儿一次拿一个沙包，站在栅栏后面，将沙包砸向大灰狼。 3. 游戏小结：请完成投掷任务好的幼儿示范，怎么才能将沙包投过去。（脚分开，手举高，眼睛看，向前扔） 4. 幼儿自主练习。	 图 2	2	中 大	5
游戏： 羊村 保卫战	1. 情景导入："村长接到消息，有一只更凶猛的大灰狼已经在来的路上了，你们学会刚刚的本领了吗？（脚分开，手举高，眼睛看，向前扔）让我们一起用新学会的本领来保卫羊村吧。" 教师介绍游戏玩法：大灰狼在栅栏外移动，大家用力砸向它。 沙包放在幼儿身后的篓子里，幼儿投完一个后，转身继续拾取后再次进行投掷。沙包投掷完，游戏结束。 2. 游戏要求：幼儿一次拿一个沙包，站在栅栏后面，将沙包砸向大灰狼。 3. 游戏小结：大灰狼离得远的时候，手臂要用力向上举起，向后弯曲，向前发力。 4. 教师提高栅栏的高度，再次游戏。	同图 2	2	大	5
放松结束	1. 放松活动，重点放松腿部。 2. 总结活动，师幼共同收拾场地。	散点	1	小	2

活动 10　自抛——降落伞

年 龄 班	小班上学期	主　　题	基本动作
目　　标	1. 初步学习摆动手臂用力将物体向上抛的动作。 2. 能尽力将物体抛高,锻炼手臂的力量和控制力。 3. 注意自我保护,游戏时与同伴保持一定的距离。		
重 难 点	1. 摆动手臂将物体抛起。 2. 向上抛物时能抛出一定高度。		
准　　备	物质准备:自制降落伞人手 1 个、纸球、沙包、自制小火箭等。 经验准备:玩过降落伞游戏。		

内　　容	进　　程	场　　地	组次	负荷	时间（分钟）
热身准备	1. 一路纵队慢跑 100—150 米。 　要求:一个跟着一个跑,跟上前面的小朋友。 2. 常规热身:头颈、肩部、伸展、下蹲、扩胸、腹背、脚踝、手腕、跳跃。 3. 专项准备:手臂、腰腹练习。	 图 1	1	中大	3
游戏: 降落伞 (学习 自抛的 动作)	1. 幼儿自由练习抛降落伞,教师观察。 　教师:"大班哥哥姐姐送给每个小朋友一个降落伞,怎么玩呢? 怎样才能把它抛得高高的呢?" 　注意:提醒幼儿与同伴保持一定距离,避免碰撞。 2. 幼儿分享自己抛的方法。 　请部分幼儿示范。教师:"他们怎么才能把降落伞抛得高高的?" 　教师指导动作要领:伸直手臂做好准备,摆动手臂用力向上,手掌松开。 3. 幼儿再次游戏,教师指导或示范动作引导幼儿手臂用力。 4. 集中游戏,比一比,看谁的降落伞飞得高。 （游戏 2—3 遍）	散点	3	中大	6

游戏:抛物 大作战 (巩固 自抛动作)	1. 提供多种自抛玩具,教师介绍游戏。 　　教师:"这里还有纸球、小火箭、沙包,小朋友 　　试一试,看看能不能把它们也抛得高高的。" 2. 幼儿分区域利用多种材料进行游戏。 　　要求:找空地方游戏,与同伴保持距离。每 　　一种玩具都试一试,玩过一种后放回原处。	沙包区　降落伞 小火箭　纸球区 图 2	2	大	5
放松结束	1. 听音乐放松身体,重点放松手臂。 2. 小结活动内容,整理游戏材料。	散点	1	小	2

活动 11　连续双脚跳——小兔运食物

年 龄 班	小班上学期	类　　别	基本动作

目　　标	1. 知道跳的时候双脚同时起跳,轻轻落地,学习游戏"小白兔运食物"的玩法。 2. 连续双脚向前跳 3—4 米,发展跳跃能力和下肢的协调性。 3. 喜欢参加体育活动;在提醒下,能遵守游戏规则。

重 难 点	1. 双脚同时起跳,轻轻落地。 2. 在连续跳跃的过程中手臂协调摆动。

准　　备	物质准备:圈若干,平衡木一张,拱门 3 个,体操垫 1 张,障碍桶 4 个,自制蔬菜若干,小筐 8 个。 经验准备:会原地双脚跳。

内　　容	进　　程	场　　地	组次	负荷	时间(分钟)
热身准备	1. 一路纵队慢跑 100—150 米。 2. 常规热身:头颈、肩部、体侧、体转、膝盖、手腕、脚踝、跳跃。 3. 专项准备:原地向上跳。	 图1	1	中大	3
复习原地双脚跳	1. 幼儿模仿小兔子原地跳。 2. 教师观察并提醒幼儿:"双腿弯一点,小脚轻轻落地。"	散点	1	中大	1
游戏:小兔跳圈圈1	1. 幼儿两两结伴,利用一个圈跳进跳出。 2. 幼儿示范,教师讲解连续双脚跳的动作要领:"双脚同起同落,落地之后不停顿,继续向前跳。" 3. 再次游戏。	散点	2	中大	2
游戏:小兔跳圈圈2	1. 将幼儿分成四路纵队,每队前面摆放一组圈圈。	 图2	2	中大	2

游戏： 小兔 跳圈圈2	2. 幼儿一个接一个连续双脚跳，跳过每一个圈圈。 要领：前后保持间距，跳在圈中间，跳的时候不停顿。 3. 休息、小结游戏情况，再次游戏。	图2	2	中 大	2
综合游戏： 小兔 运蔬菜	1. 介绍游戏场地、玩法。 　教师："小兔子们要将手里的蔬菜送到对面的邻居家，路上会遇到很多困难，要跳上石头、走独木桥、爬过草地、钻过山洞，还要绕过树林，你们能通过吗？" 2. 将幼儿分成相应的4队，分别站在4条路的出发点。 3. 每名幼儿都完成一次后进行休息和小结，教师鼓励幼儿以及引导幼儿自我鼓励，然后换道路进行游戏，直至每条道路都游戏一次。	图3	4	大	5
放松结束	1. 放松并总结。 2. 收拾器械。	同图1	1	小	2

活动 12　器械一物多玩——好玩的球

年 龄 班	小班上学期	类　　别	基本动作

目　　标	1. 尝试球的多种玩法:滚球、抛球、排球。 2. 能快速地追上球并抱住,动作较灵活、协调。 3. 喜欢参加体育活动。

重 难 点	1. 尝试球的多种玩法。 2. 能快速追上球并双手抱住。

准　　备	物质准备:大皮球幼儿人手 1 个,斜坡 3 个(轮胎和平衡板组合而成)。 经验准备:幼儿有玩球的经验。

内　　容	进　　程	场　　地	组次	负荷	时间(分钟)
热身准备	1. 情景导入:我们来做大皮球,到操场上跑跑、跳跳。 　师幼走、跑、跳交替热身 100 米。 2. 常规热身:头颈、肩部、体侧、体转、膝盖、手腕、脚踝、跳跃。 3. 专项准备:大皮球游戏。师幼边念儿歌"大皮球,圆又圆,拍一拍,跳一跳,拍得轻,跳得低,拍得重,跳得高"边做动作。幼儿根据教师指令轻轻跳或用力跳。	 图 1	1	大	3
游戏: 自由 玩皮球	1. 幼儿自由玩皮球。 　教师:"大皮球真好玩,可以拍,可以滚,你喜欢怎么玩,自己去试一试吧。" 2. 幼儿每人拿一个皮球,四散游戏,教师注意观察,引导每个幼儿都玩起来,看看幼儿的玩法。 3. 集中交流。请个别幼儿示范,教师:"你是怎么玩的,来表演给大家看看。" 　引导幼儿学一学这种玩法,皮球跑掉了,快快追回来。 4. 幼儿再次自由玩皮球。	散点	2	中大	3

续　表

游戏： 自由 玩皮球	5. 教师："看看谁能把自己的皮球保护好,皮球跑掉了要快快追上,抱住回来继续玩。"	散点	2	中大	3
游戏： 两人 玩皮球	1. 引出话题,两人玩皮球。 　教师："我也想和你们一起玩皮球。两个人怎么玩,是抛一抛还是滚一滚？我们一起来试一试,找个朋友一起玩球。" 2. 幼儿两人用一个球玩。教师引导幼儿注意在球跑了以后要赶快跑过去抱住球带回来。 3. 交流两人玩球的方法(互相抛、互相滚、一人拍一下)。 4. 幼儿再次游戏,球跑走了赶紧追回来。	散点	2	大	4
游戏： 快快 追皮球	1. 用快跑的方法追上皮球抱住。 　教师："我们的皮球跑掉了,是走过去还是跑过去追？我们一起来试一试,把球滚出去,再快快跑去追上球抱住。" 2. 幼儿自由游戏。可以在斜坡上滚球,试试追上滚得快的球。 3. 小结:追上滚得快的球就要快快跑,跑到球的前面抱住球。 4. 幼儿再次游戏。教师观察个别指导。	散点	2	大	3
放松结束	1. 放松活动,重点放松腿部。 2. 师幼共同收拾场地。	散点	1	小	2

活动 13　足球球性——踩老鼠

年 龄 班	小班上学期	类　别		重要器械
目　标	1.知道球号的意义,知道球性练习的方法,会用足球玩"踩老鼠"的游戏。 2.在球性练习中做到不用手摸球,在游戏中及时踩住滚出去的球;发展球性以及身体协调能力。 3.喜欢玩小足球,愿意和小朋友一起游戏。			
重难点	1.小足球球性。 2.游戏中球速非常快的情况下依然能够追到球并踩住球。			
准　备	物质准备:3号小足球若干。 经验准备:幼儿有快速跑的经验,有滚球踩住球的经验。			

内　容	进　程	场　地	组次	负荷	时间(分钟)
热身准备	1.一路纵队慢跑100—150米。 2.常规热身:头颈、肩部、体侧、体转、膝盖、手腕、脚踝、跳跃。	 图1	1	中大	3
了解足球小知识	1.教师:"小朋友们看一看球,能不能找到一个数字,是几?" 2.解释球号的意义:球号越大,球就越大。成人比赛标准足球用球是5号球,幼儿园小朋友用球一般是2号球和3号球。 3.教师:"大家用力挤一挤球,能不能把它挤扁。它和篮球有什么不一样?" 4.使用半气足球安全事项:不能朝人和易碎的东西踢。	散点	1	中大	1
足球球性游戏:拖球、拨球	1.幼儿轻轻地踩住球,将球慢慢地前后拖动、左右拨动,来回几次后换脚练习。 2.要求:支撑腿站在球的后方,踩球不可用力过度。	散点	1	中大	2

续　表

足球球性 游戏： 踩球	1. 幼儿轻轻地踩住球,支撑腿站在球的后方, 听哨音的节奏,换脚踩球。 2. 幼儿轻轻地踩住球,支撑腿站在球的侧面, 听哨音的节奏,换脚踩球。	散点	1	中大	2
足球球性 游戏： 踩老鼠	1. 教师:"之前我们用小篮球玩过一个抓老鼠 的游戏,今天我们把足球当作小老鼠,用脚 踢的方法比一比,哪只小老鼠跑得最远。" 2. 幼儿将球放在起点线上,听哨音将球用力向 前踢出,观察自己的球停在了何处,给将球 滚得最远的幼儿鼓掌。 3. 小结踢球的方法:支撑腿在球侧后方,用力 向前踢球的正后方。 4. 再次比赛。 5. 游戏"踩老鼠"。 教师:"一会我们把老鼠放出去之后要用最 快的速度追上老鼠并且把它踩住。跑的时 候看好前方,不能碰撞。" 6. 游戏 2—3 次。	 图 2	4—5	大	5
放松结束	1. 放松并总结。 2. 收拾器械。	同图 1	1	小	2

活动 14　四散跑——风婆婆和小树叶

年 龄 班	小班上学期		主　题	基本动作
目　　标	1. 学习两腿前后交替,手臂弯曲摆动的跑步方法,学玩游戏"风婆婆和小树叶"。 2. 四散跑时看前方,避免碰撞,提高身体的灵活性和协调性。 3. 在教师提醒下能注意安全和自我保护。			
重 难 点	1. 四散跑时手臂弯曲摆臂。 2. 四散跑时眼睛看前面,不碰撞。			
准　　备	物质准备:风婆婆头饰一个、小鼓、音乐。 经验准备:活动前观察秋天起风时落叶飞舞、飘动的景象;会念儿歌《片片飞来像蝴蝶》并做动作。			

内　容	进　　程	场　地	组次	负荷	时间(分钟)
热身准备	1. 一路纵队慢跑 100—150 米。 　要求:鼻子吸气,嘴巴吐气,跟上前面的小朋友。 2. 常规热身:头颈、肩部、扩胸、腹背、蹲起、脚踝、手腕、跳跃。 3. 专项准备:正压腿、开合跳。	图 1	1	中大	3
游戏: 风婆婆 和小树叶 (熟悉 游戏场地 和学会 四散跑)	1. 教师带领幼儿一起边念儿歌《片片飞来像蝴蝶》,边做相应动作 2 次。 　教师:"秋风吹,树枝摇,红叶黄叶往下掉,红树叶,黄树叶,片片飞来像蝴蝶。" 2. 引入风婆婆角色,引导幼儿尝试根据不同信号进行四散跑游戏。 　教师:"我是风婆婆,我用力吹啊吹,小树叶们会怎么样呢?" 　教师发出信号,幼儿根据信号做相应的动作:刮大风了(快快跑),吹小风了(慢慢走),风停了(蹲下来)。 3. 教师扮演风婆婆,与幼儿共同游戏 3—4 次,教师观察幼儿跑的动作,提醒幼儿手臂弯曲摆臂。	散点	3	中大	5

游戏： 风婆婆 和小树叶 (熟悉 游戏场地 和学会 四散跑)	4. 请个别幼儿扮演风婆婆,游戏 1—2 次,提醒 幼儿眼睛看前方,避免碰撞。	散点	3	中 大	5
游戏： 扫落叶 (增加游戏 情节,快速 四散跑)	1. 增加游戏情节,介绍游戏玩法。 教师:"地上落下这么多树叶,让我把它们扫 到一起吧。当听到"风停了",大家就蹲下, 扫地人"扫"到哪儿,小树叶们就迅速跑到其 他地方蹲下。" 2. 再次游戏,扫地人变换速度,幼儿练习快速 四散跑。	散点	2	大	5
放松结束	1. 听音乐放松,重点放松腿部。 2. 总结回顾,给予幼儿鼓励,表扬在奔跑中未 发生碰撞的幼儿。	同图 1	1	小	2

活动 15　向指定方向跑——找朋友

年 龄 班	小班上学期		主 题	基本动作
目　　标	1. 学习按线路向指定方向跑,腿部与手臂动作较自然、协调。 2. 注意观察线路的变化,改变运动方向,提高身体协调性。 3. 在成人提醒下能遵守游戏规则。			
重 难 点	1. 掌握看线路向指定方向跑的动作要领。 2. 观察线路,改变运动方向。			
准　　备	物质准备:小动物的家标牌、礼物、地面线路、准备环节和放松环节的音乐。 经验准备:有从起点标记开始游戏的经验。			

内　　容	进　　程	场　　地	组次	负荷	时间(分钟)
热身准备	1. 一路纵队慢跑 100—150 米。 　要求:鼻子吸气、嘴巴呼气,跟上前面的小朋友。 2. 常规热身:头颈、肩部、扩胸、腹背、蹲起、脚踝、手腕、跳跃。 3. 专项准备:正压腿、下蹲站立。	 图 1	1	中大	3
游戏: 打招呼 (熟悉 游戏场地)	创设游戏情境"打招呼"。 教师:"刚才我们逛公园时,你发现了哪些朋友呢? 你们快去和朋友们打个招呼吧! 注意不要碰到其他小朋友哦!"	 图 2	2	中大	2
游戏:送礼物 (学习 按直线跑)	1. 观察游戏场地,明确要按照线路去拜访朋友们。 　教师:"怎样才能更快地跑到邻居家呢?" 　师幼小结:眼睛看标记,小腿抬高大步跑,手臂前后自然摆。 2. 再次进行游戏,按线路沿直线跑向小动物的家。(手持礼物沿直线跑,送给好朋友) 　教师:"我们收获了许多蔬菜,让我们一起和好朋友们分享吧! 每次拿一个,每个小动物都送到。"	 图 3	2	中大	4

游戏:找朋友（巩固看线路向指定方向跑）	1. 增加道路变化,幼儿看线路向指定方向跑。 教师:"小猫、小狗、小猴也想成为你们的好朋友,但是去它们家的路有一些不一样,有直直的小路、弯弯的小路。" 要求:根据不同线路跑到动物家,每个小动物家都要去。提醒幼儿每次从起始线开始。 2. 再次进行游戏,巩固看线路向指定方向跑。 教师:"小动物们很喜欢和你们一起玩,还给你们准备了礼物呢。每次拿一个礼物跑回来,记得要说谢谢哦!"	 图 4	2	大	5
放松结束	1. 全身放松,重点放松腿部。 2. 总结回顾,给予幼儿鼓励。 3. 收拾场地。	散点	1	小	2

活动 16　手膝爬——小老鼠逛花园

年 龄 班	小班上学期	主　题	基本动作

目　标	1. 学习手膝着地爬,会用双手和膝盖支撑身体进行爬行。 2. 尝试听信号变换爬行方式和速度,增强四肢的协调性。 3. 在游戏中遵守规则,体验游戏的快乐。
重 难 点	1. 手膝爬的正确方法,爬行时抬头看方向。 2. 动作协调地倒退爬和变速爬。
准　备	物质准备:彩虹伞、"油瓶"若干、音乐等。 经验准备:幼儿玩过"彩虹伞"游戏。

内　容	进　程	场　地	组次	负荷	时间(分钟)
热身准备	1. 一路纵队慢跑 100—150 米。 　要求:一个跟着一个跑,跟上前面的小朋友。 2. 常规热身:头颈、肩部、伸展、下蹲、扩胸、腹背、脚踝、手腕、跳跃。	图 1	1	中大	3
游戏: 小老鼠逛花园 (学习手膝爬的动作)	1. 层次一:幼儿自由在彩虹伞上顺着一条路线爬行。 　教师:"花园的小路有好多颜色,请你选择一条你喜欢的小路爬一爬。" 　幼儿自由游戏,教师观察动作。 　幼儿示范,师幼共同小结动作要领:小眼睛看前面,小手膝盖撑撑好,一步一步向前爬。 　幼儿再次游戏,教师观察指导。 2. 层次二:尝试倒退爬。 　教师:"前面的小路不通了,我们要倒着爬回家。" 　幼儿尝试向后倒爬,提醒幼儿注意看后面。 3. 层次三:听信号变速爬。 　教师:"小鼓也想和小老鼠们做游戏,鼓敲(摇)得快,你们就要怎样?(爬得快)鼓敲(摇)得慢,你们就要怎样?(爬得慢)" 　幼儿听信号变速爬。 　调整呼吸,放松手腕。	散点	3	中大	6

游戏： 小老鼠 喝油 (巩固手膝 爬的动作)	1. 创设情境,教师介绍游戏。 　　教师:"看,花园对面有好多油,我们一起爬 　　过去喝油吧!" 　　要求:幼儿爬过整个彩虹伞,到对面喝美味 　　的香油。幼儿游戏1—2次。 2. 增加游戏情境,教师将彩虹伞举起,幼儿从 　　伞下爬。 　　教师:"哎呀,下雨了怎么办呢? 我们快快躲 　　到伞下吧。" 　　师幼在伞下做游戏。	散点	2	大	5
放松结束	1. 听音乐放松,重点放松手腕和膝盖。 2. 小结活动内容,收拾器械。	散点	1	小	2

附：复习测评

表2　小班上学期幼儿体育发展评价方案

评价目的	了解幼儿基本动作的发展情况，以便在活动中制订科学的活动方案，有针对性地进行指导，以促进幼儿身体素质的发展。				
动　作	水平一	水平二	水平三	水平四	水平五
走	**身体晃动** 走步时，蹬地力量小而不均，步幅小，上下肢配合不协调，身体有晃动，走不成直线。	**能走直线** 走步较稳，步幅大，出现脚跟到脚尖着地动作；没有明显踮脚尖动作，能走直线。	**手臂摆动** 前腿迈出时，同侧手臂向相反方向摆动，步幅稳定，上下肢配合协调，能走曲线。	**平稳有力** 腿部动作连贯，脚步移动过程中，身体重心移动自如，平稳有力，手臂摆动轻松自然。	
双脚跳	**单脚起跳** 不能双脚同时起跳和落地，跳得低，全身紧张，不太会移动身体的重心。	**手臂制动** 能够向不同方向双脚跳，手臂基本垂直于身体两侧，腿没有伸展。	**蹬地动作** 手臂如钟摆，垂直向上、向前跳的动作很大，蹬地意识明显，腿部接近完全伸展。	**手臂摆动** 双脚起跳时，手臂摆动和腿的蹬伸配合协调，连续跳跃距离持续时间较长。	**落地缓冲** 跳跃能力强，起跳有力，落地会缓冲，会进行多种复杂的跳跃（如跳绳）。
跑	**高位跑** 手臂——高位保护，脚扁平着地，小步子，两脚与肩同宽。以小碎步跑为主，落地时往往是全脚掌着地。	**中位保护跑** 手臂——中位保护，身体直立，脚接近完全伸展。跑步时有腾空阶段，步幅小且不均匀。	**脚跟—脚趾手臂伸展** 手臂——低保护，手臂反向摆动，肘关节几乎完全伸展，脚跟—脚趾着地。上下肢已能较协调地配合，步幅均匀，跑步自然轻松。	**手臂有力摆动** 脚跟—脚趾着地，疾跑时脚前掌—脚跟着地，手臂与脚反向摆动，脚后跟大幅度动作，肘关节弯曲。步幅较大，有节奏感，腾空阶段较明显。	
测评方法					
走	◆ 场地设置直线、曲线。◆ 幼儿分别沿直线、曲线走，各测试2次。◆ 2名教师观测，1名教师组织幼儿，1名教师观测记录幼儿的动作发展状况。				
双脚跳	◆ 幼儿从起点跳跃到终点，距离2米，测试2次。◆ 2名教师观测，1名教师看起点，脚不踩线，1名教师观测记录幼儿的动作发展状况。				
跑	◆ 场地设起点和终点，距离15米。◆ 测快跑2次，取高值。2名幼儿同时测评。◆ 4名教师观测，1名教师在起点发起跑信号，1名教师在终点分别为2名幼儿计时，2名教师在跑道边观察幼儿动作。				

表 3　小班幼儿发展评价记录表

评价时间		评价班级			评价人									
幼儿姓名 ＼ 发展情况	内容与标准													
	走				双脚跳					跑				
	水平一	水平二	水平三	水平四	水平一	水平二	水平三	水平四	水平五	水平一	水平二	水平三	水平四	

◎ 下学期

活动 1　常规——红绿灯

年 龄 班	小班下学期	类　别	学期常规
目　标	1. 复习体育活动的常规；会玩游戏"红绿灯"。 2. 在游戏活动中能根据信号迅速做出正确反应，发展身体的协调性。 3. 喜欢参加体育运动，积极回应老师的提问。		
重 难 点	1. 体育课基本常规。 2. 在快速跑动中听到或看到红灯信号立刻停下。		
准　备	物质准备：20 米×20 米软场地，圆圈若干，红、绿标志牌各一个。 经验准备：体育课基本常规。		

内　容	进　程	场　地	组次	负荷	时间(分钟)
热身准备	一路纵队慢跑 100—150 米。	 图 1	1	中大	3
复习体育课常规要求	1. 复习体育课着装要求：穿宽松的衣裤，穿运动鞋(跑得快，保护脚)。 2. 复习体育课卫生知识：热了主动告诉老师，老师帮助幼儿脱衣服；运动前少量喝水，运动完如果出汗较多，喝多点水；手不能放进嘴巴；运动之后要洗手。 3. 复习体育课安全知识：活动时手不能放在口袋里；在活动的过程中注意安全，保护好自己，保护好身边的小伙伴。 4. 常规热身：头颈、肩部、体侧、体转、膝盖、手腕、脚踝、跳跃。 5. 复习基本哨音：开始哨—— 一短声；结束哨——两短声；集合哨—— 一长一短；提醒哨——四连音。	散点	1	中	4

续　表

听信号 游戏： 红绿灯	1. 教师："小朋友们，司机开车时不能闯什么灯？看到什么灯才能开车？""今天我们来模仿小司机开汽车，老师是交通警察，吹一声哨代表绿灯，两声哨代表红灯，大家要注意不能违反交通规则哟！" 2. 幼儿站一列横队准备，双手握拳，听到开始哨，自由找空地跑，听到结束哨立刻"刹车"。重复口令 4—5 次。 3. 休息，小结开车时的注意事项：找人少的地方跑；及时刹车或避让，防止碰撞；人多的地方要"按喇叭"；听到红灯的哨音要立刻刹车。 4. 再次游戏。	散点	2	大	3
看信号 游戏： 红绿灯	1. 幼儿站一列横队准备，双手握拳，老师持红绿标志牌站在终点处。 2. 老师出示绿牌，幼儿向终点方向直线跑动；老师出示红牌，幼儿立即"刹车"，多次举牌，直至所有幼儿到达终点。 3. 休息，小结开车时的注意事项：跑直线（跑斜线容易碰撞），眼睛看老师举的牌子。 4. 再次游戏。	 图 2	2	大	3
放松结束	1. 放松并总结。 2. 收拾器械，活动结束。	同图 1	1	小	2

活动 2　听信号跑 2——小鸡送礼物

年 龄 班	小班下学期		主　题	基本动作
目　标	1. 了解跑的动作要领,能手臂摆动、眼看前方,会玩游戏"小鸡送礼物"。 2. 能根据指令的变化方向进行跑动,动作基本协调。 3. 喜欢玩游戏,乐意遵守游戏规则。			
重 难 点	1. 听不同的信号向指定方向跑。 2. 跑动中注意看前方,保持身体平衡。			
准　备	物质准备:"小礼物"若干;小鸡、小熊、小兔的图片;圈;音乐。 经验准备:会玩"小孩小孩真爱玩"的游戏。			

内　容	进　程	场　地	组次	负荷	时间(分钟)
热身准备	1. 一路纵队慢跑 100—150 米。 　要求:鼻子吸气,嘴巴呼气,跟上前面的小朋友。 2. 常规热身:头颈、肩部、伸展、下蹲、扩胸、腹背、脚踝、手腕、跳跃。 3. 专项准备:正压腿,听信号小碎步快慢交替跑。	 图 1	1	中大	3
游戏:小孩小孩真爱玩 (练习向指定方向跑)	1. 听老师的指令向指定方向跑。 　教师:"小鸡宝宝们,跟妈妈一起玩'小孩小孩真爱玩'的游戏吧,听妈妈说到哪里,就快快摸了跑回来。宝宝们在跑的时候眼睛要看着前面。" 2. 强调跑的动作要领再练习。 　教师:"小鸡宝宝,你们是怎么跑的?" 3. 幼儿示范动作,教师讲解要领:"双手放两边,用力摆一摆,眼看前方跑跑跑。" 4. 幼儿再次游戏,教师观察动作并提醒。	 图 2	2	中大	4
游戏:小鸡送礼物 (根据多个信号进行动作)	1. 根据连续信号指令,向指定方向跑。 　教师:"跑到小鸡家,一人拿一个礼物送到小熊家,最后快快跑回家。" 　要求:听清信号,按正确的路线跑,跑动时注意看前方,不碰到同伴。 　休息,调整呼吸,小结动作要领。	 图 3	2	大	6

续　表

游戏： 小鸡 送礼物 (根据 多个信号 进行动作)	重复信号，再次游戏。 2. 根据变换的信号，向指定方向跑。 　教师："到小熊家拿两个礼物，送到小鸡家， 　最后快快跑回家。游戏一次。" 3. 根据多信号，变换方向跑。 　教师："到小鸡家拿两个礼物，先给小熊送一 　个，再给小兔送一个，最后快快跑回家。" 　幼儿游戏，教师提醒幼儿变换方向时注意身 　体保持平衡，不碰到他人。	 图 3	2	大	6
放松结束	1. 听音乐放松，重点放松腿部。 2. 小结活动内容，收拾器械。	散点	1	小	2

活动 3　跳远——小兔种蔬菜

年 龄 班	小班下学期		类　　别	基本动作
目　标	1. 初步掌握向前跳跃的方法,学会玩游戏"小兔种蔬菜"。 2. 跳过 25 厘米的宽度,发展跳跃能力和手脚协调性。 3. 在老师的提醒下遵守游戏规则,感受体育游戏带来的快乐。			
重 难 点	1. 双脚向前跳远的基本动作。 2. 跳过 25 厘米宽的"小河"。			
准　备	物质准备:宽分别为 20 厘米、25 厘米的无纺布,垫子、钻圈、拱门、饮料瓶。 经验准备:幼儿已有双脚跳的经验。			

内　容	进　　程	场　地	组次	负荷	时间(分钟)
热身准备	1. 一路纵队慢跑 100—150 米。 2. 常规热身:头颈、肩部、体侧、体转、膝盖、手腕、脚踝、跳跃。 3. 专项准备:原地纵跳。 图 1		1	中大	3
复习行进跳	1. 幼儿自由练习行进跳。 　教师:"小兔子怎么跳? 我们跳到空地上去晒晒太阳。" 2. 教师小结动作。 　教师:"小手一摆,两腿一弯向前轻轻地跳。" 3. 教师带领幼儿再次练习。 　教师:"我们再一起跳到那边去晒晒太阳。"	散点	2	中大	3
学习跳远动作	1. 出示障碍(20 厘米宽),幼儿自由探索。 　教师:"前面的草地上有好吃的青菜,我们一起跳到前面去看看,可是有一条小河挡住了我们的去路,怎么跳过去呢? 小兔子们,试试看能不能跳过小河。" 2. 教师小结,示范动作。 　教师:"在小河边准备好,小手摆一摆,膝盖	 图 2	2	中大	3

学习 跳远动作	弯一弯,两只小脚同时跳。" 3. 出示障碍(25 厘米宽),教师带领幼儿再次练习。 教师:"前面还有一条小河,我们再去试试看。"		2	中 大	3
综合游戏: 小兔 种蔬菜	1. 创设情境,引起幼儿活动的兴趣。 教师:"我们家里的蔬菜吃完了,我们一起去前面的空地撒点蔬菜籽,这样过段时间我们就会有新鲜的蔬菜吃了。" 2. 教师介绍场地。 教师:"跳过空地和小河,跑过树林,钻过山洞,爬过草地。" 3. 幼儿游戏 3 次(撒籽—浇水—收获),每游戏一次后休息并小结一次。	图 3	3	大	4
放松结束	1. 放松并总结。 2. 收拾器械,活动结束。	散点	1	小	2

活动 4　占圈钻圈

年 龄 班	小班下学期	类　　别	基本动作
目　　标	1. 尝试塑料小圈的多种玩法：钻圈、占圈、跳圈。 2. 能快速地将圈套过身体，动作较灵活、协调。 3. 喜欢参加体育活动。		
重 难 点	1. 尝试小圈的多种玩法。 2. 身体能灵活地钻过圈。		
准　　备	物质准备：塑料小圈（直径30厘米，数量是幼儿人数两倍；两种颜色，如红色、绿色）。 经验准备：幼儿有玩圈的经验。		

内　　容	进　　程	场　　地	组次	负荷	时间（分钟）
热身准备	1. 情景导入：我们来做小司机，一个跟着一个走走、跑跑。 师幼走、跑交替热身100米。 2. 常规热身：头颈、肩部、体侧、体转、膝盖、手腕、脚踝、跳跃。 3. 专项准备：幼儿两人一组，面对面手拉手，从同侧钻出成背对背手拉手，边念儿歌边游戏，念到最后一个"圈"字时同时钻出。可以尝试再从背对背翻成面对面。（儿歌：翻圈圈，翻圈圈，翻出一个圆圈圈）	 图 1	1	大	3
游戏：自由玩圈	1. 幼儿自由探索玩圈，尝试不同玩法。 教师："每人一个圈，一起来玩圈，看看有哪些不一样的玩法。" 2. 幼儿每人拿一个圈，四散游戏，教师注意观察幼儿的玩法。 3. 集中交流。请个别幼儿示范。 教师："你是怎么玩的?" 请几个玩法不同的幼儿展示（跳圈、占圈、钻圈）。 引导幼儿学一学同伴展示的玩法。	散点	2	中大	3

续　表

游戏：自由玩圈	4. 幼儿再次自由玩圈。教师引导幼儿玩钻圈游戏。 5. 教师："看看怎样可以快速地钻过圈。" 　小结：可以跳进圈，双手把圈从腿套到头上拿出；还可以把圈从头上套进，身体钻过圈，从脚下拿出。	散点	2	中 大	3
游戏：找圈圈	1. 介绍游戏玩法，幼儿站在圈的外侧，听指令找到相应颜色的圈占圈。 　教师："我们来玩占圈游戏，老师说完'一二三，红圈圈'，你们就找到红色的圈跳进去。" 2. 幼儿游戏，教师变化圈的颜色发出指令。 3. 交流占圈游戏，提醒幼儿找到空圈。 4. 幼儿再次游戏，要求占圈后把圈从脚下套过身体举到头上。教师观察指导，提醒幼儿动作迅速，完成占圈、套圈。	散点	2	大	4
游戏：连续钻圈	1. 教师介绍游戏玩法，幼儿跳进圈以后，从脚下将圈套过身体，举到头上拿出以后再放在地上，重复钻圈。 　教师："这次听好我们钻几次圈。" 2. 幼儿游戏。幼儿站在圈的外侧，听指令找到相应颜色的圈，连续钻圈直至教师发出停止信号。 3. 小结：耳朵听清楚是什么颜色的圈，钻圈的时候两只手一起拿住圈往上举，快快地钻出再接着钻。 4. 幼儿再次游戏。教师观察并个别指导，幼儿连续钻圈3—4次停止。	散点	2	大	3
放松结束	1. 放松活动，重点放松手臂、腿部。 2. 小结活动，师幼共同收拾场地。	散点	1	小	2

活动5　连续单脚跳——我来帮助你

年龄班	小班下学期	类　别	基本动作

目　标	1. 初步了解单脚跳的动作,会玩游戏"我来帮助你"。 2. 在同伴的协助下用单脚跳的方法连续跳,发展跳跃能力和身体协调性。 3. 喜欢和同伴一起参加体育游戏,喜欢承担一些小任务。

重难点	1. 单脚跳一阶段的动作要领。 2. 两人合作时动作协调灵活。

准　备	物质准备:红色扁圈若干、绿色扁圈若干、黄色大圈若干。 经验准备:幼儿有双脚跳、单脚站立的经验。

内　容	进　程	场　地	组次	负荷	时间（分钟）
热身准备	1. 一路纵队慢跑100—150米。 2. 常规热身:头颈、肩部、体侧、体转、膝盖、手腕、脚踝、跳跃。 3. 专项准备:兔子舞(原地蹦蹦跳)。 图1		1	中大	3
游戏: 找房子	1. 操场上散落和幼儿数量相同的扁圈,幼儿自由进行跳跃游戏,听到老师口令时,找一个圈跳进去。 教师:"兔宝宝们,请你们一起跟着音乐来玩一玩吧,音乐慢你就慢慢跳,音乐快你就快快跳,音乐一停,宝宝们就要找一个'家'跳进去休息哦,听懂任务了吗?"(快慢节奏交替的音乐) 2. 教师提出问题:"刚刚兔宝宝们是两只脚一起跳,这是双脚跳? 你们还有不一样的跳法吗?"再次请幼儿尝试不同跳法。 3. 幼儿示范,师幼小结跳的多种方法。 4. 随乐(快慢节奏交替的音乐)再次游戏,教师提醒幼儿变换多种跳法,注意避免碰撞。 5. 游戏要求:尝试用多种方法进行跳跃,每个圈里面只能站一个人,不能和同伴同时跳进同一个圈中。 图2		2	中大	7

续　表

| 游戏：
我来
帮助你 | 1. 绿色圈和红色圈两两靠近为一组,跳进红色圈的需要改为单脚跳去"医院",多次游戏,教师提醒幼儿换换颜色。
2. 幼儿游戏,跳进圈内后,教师:"兔宝宝们,你们发现了吗? 靠在一起的两个人就是邻居哦,要互相帮助的。"
3. 再次游戏,教师:"兔宝宝们,告诉大家一个坏消息,住在红色家里的小兔宝宝家里进了一只小虫子,咬伤了兔宝宝的一只小脚,赶快带你的邻居去医院治疗一下吧。"
4. 幼儿双人结对,分别用单脚跳和双脚跳前往"医院"(黄色大圈),单脚跳的幼儿手扶双脚跳幼儿的肩膀。
5. 幼儿示范,教师引导:"你们看他的脚是放在哪里的?"师幼共同总结:"抬起来的脚放在站着的脚的旁边。"
6. 再次游戏,幼儿任意选圈,教师鼓励幼儿尝试不同颜色的圈。
7. 游戏要求:靠近两个圈内的小朋友为一组,单脚跳的小朋友手扶双脚跳的小朋友的肩膀。双脚跳的小朋友要等一等单脚跳的小朋友。 | 图 3 | 2 | 大 | 8 |
| 放松结束 | 1. 放松并总结。
2. 收拾器械,活动结束。 | 同图 1 | 1 | 小 | 2 |

活动6 走独木桥——小老鼠运果子

年 龄 班	小班下学期	类　别	基本动作

目　标	1. 掌握快速走平衡凳的动作,并知道高跳下的方法。 2. 能快速走过平衡凳,动作较协调,并保持平衡。 3. 乐意听从老师的要求,在活动中能遵守规则,有初步的自我保护意识。

重难点	1. 快速走过平衡凳的动作。 2. 在平衡凳上快速走过时保持身体平衡。

准　备	物质准备:平衡凳、钻圈、障碍瓶(杆)、海洋球、拉网、老鼠胸饰。 经验准备:有走平衡凳的经验。

内　容	进　程	场　地	组次	负荷	时间(分钟)
准备热身	1. 情景导入。 　教师:"小老鼠们,我们一起开着飞机出去玩一玩吧!" 　师幼慢跑100米。 2. 教师:"飞机降落了,我们跟着音乐做做操!" 　随着音乐做热身操:头颈、肩部、体侧、体转、膝盖、手腕、脚踝、跳跃。 3. 专项准备。 　幼儿随儿歌(小飞机,飞到东,飞到西,飞到机场我就站)双臂打开朝左右自转,念完儿歌站住不动,保持身体平衡,根据情况尝试单脚站立。	图1	1	大	3
游戏:小老鼠过桥	1. 复习走平衡凳的动作。 　教师:"那里有3座小桥,下桥的时候怎样才能又轻又稳呢? 我们一起去试一试!" 　幼儿游戏,教师观察幼儿下桥的动作情况。 2. 个别幼儿示范从平衡凳上轻轻跳下来的动作。 　小结:小腿一弯轻轻跳。 　幼儿原地练习动作。	散点	2	中大	3

续　表

游戏： 小老鼠 过桥	3. 加入转向练习,尝试走过平衡凳的动作。 　　教师:"看! 有两座小桥变样啦,你们还会走 　　吗? 转弯的地方怎样走才能保持平衡呢? 　　一起去试一试!" 　　幼儿游戏,教师指导幼儿转弯时眼睛看好。 4. 小结:集中注意,眼睛向前看,脖子不能倒, 　　保持平衡。	散点	2	中 大	3
游戏： 小老鼠 运果子	1. 情境导入,介绍游戏玩法。 　　教师:"天气热啦,我们把家里的果子运到对 　　面山坡上晒晒干,做成蜜饯,等过冬的时 　　候吃。" 2. 讲解游戏规则。 　　教师:"山坡在小河的那头,我们要钻出老鼠 　　洞,走过小桥,还要绕过树林,最后再跳一 　　跳,把果子放到山坡上。" 3. 幼儿玩"小老鼠运果子"的游戏,教师引导幼 　　儿在桥上站稳,快速走过,身体保持平衡。 4. 交流分享:走过小桥有什么好办法,脖子能 　　不能倒? 5. 幼儿再次游戏,提醒幼儿双脚轻轻跳下,站 　　站稳再向前,注意安全。	散点	2	大	4
放松结束	1. 听音乐放松,重点放松腿部。 2. 师幼收拾整理场地。	散点	1	小	2

活动 7　转圈——迷迷转

年 龄 班	小班下学期		主　题	基本动作
目　标	1. 学玩"迷迷转"的游戏,掌握原地旋转后保持身体平衡的方法。 2. 能自转 3—5 圈后站稳,锻炼身体的平衡性和协调性。 3. 喜欢和同伴玩"迷迷转"游戏,体验旋转的乐趣。			
重 难 点	1. 原地旋转并保持身体平衡。 2. 旋转站稳后向指定方向跑。			
准　备	物质准备:红色、黄色塑料圈各 20 个;红色、黄色标记各 1 个;音乐等。 经验准备:幼儿会念儿歌,知道按颜色信号站圈。			

内　容	进　程	场　地	组次	负荷	时间(分钟)
热身准备	1. 一路纵队慢跑 100—150 米。 　要求:一个跟着一个跑,跟上前面的小朋友。 2. 常规热身:头颈、肩部、伸展、下蹲、扩胸、腹背、脚踝、手腕、跳跃。 3. 专项准备:听信号反应游戏。	 图 1	1	中大	3
游戏: 迷迷转 (学习自转后停住的方法)	1. 尝试自转 2—3 圈。 　师幼边念儿歌边玩"迷迷转"的游戏。 　儿歌"迷迷转,迷迷转,大风停了快快站",当念到"站"时,小朋友就停住。 　幼儿散点站立后开始游戏,可以伸展手臂帮助身体保持平衡。 　请部分幼儿示范,师幼共同小结动作要领:手臂伸展,旋转时身体直立不晃动,停住时保持平稳。 　幼儿再次游戏,教师观察指导。 2. 调整自转速度和频次。 　教师变化儿歌的节奏,幼儿根据节奏变化自转的速度,身体保持平衡。 　教师增加儿歌中"迷迷转"的次数,幼儿增加自转的时间。	散点	3	中大	6

游戏：躲猫猫（巩固自转动作并在站稳后向指定方向跑）	1. 创设情境，教师介绍游戏。 　教师："我们玩个躲猫猫的游戏，等会儿迷迷转站稳后，快快躲进大圈里！" 　要求：念完儿歌站稳后，再跑向大圈躲好。幼儿游戏1—2次。 2. 增加游戏情境，教师出示颜色卡，根据颜色标记躲进相应的大圈中。 　教师："这次只有躲进和卡片一样颜色的大圈中，才不会被发现。"	散点	2	大	5
放松结束	1. 听音乐放松，重点放松手臂和小腿，并做身体拉伸。 2. 小结活动内容，收拾器械。	散点	1	小	2

活动 8　篮球球性 2——运西瓜

年 龄 班	小班下学期	类　别	重要器械

目　标	1. 复习篮球球性 1,学习篮球球性 2,会用小篮球玩"运西瓜"的游戏。 2. 在游戏中尽量不掉球,发展上肢的协调性。 3. 喜欢玩篮球游戏,在提醒下遵守游戏规则。

重 难 点	1. 篮球球性 2。 2. 头顶传球时既快又不掉球。

准　备	物质准备:3 号小篮球若干。 经验准备:具有基本篮球球性经验。

内　容	进　程	场　地	组次	负荷	时间 (分钟)
热身准备	1. 一路纵队慢跑 100—150 米。 2. 常规热身:头颈、肩部、体侧、体转、膝盖、手腕、脚踝、跳跃。	 图 1	1	中大	3
复习 篮球球性 1	1. 复习篮球球性:头部绕球、腰部绕球、膝盖绕球。 2. 要求:球尽量不落地,正一圈,反一圈。	同图 1	1	中大	1
学习 篮球球性 2	1. 左右手拨球。 　双脚分开,比肩略宽,站在球的正后方,双手掌心相对,轻轻拨动球,将球从一侧手掌拨到另一侧,多次拨球,尽量让球始终在两手之间滚动。 2. 单膝绕球。 　两脚分开,比肩略宽,将球放在一条腿的膝盖上绕一圈,再放到另一条腿的膝盖上绕一圈,尽量不让球掉地,反过来再绕一次。	同图 1	1	中大	2

球性游戏：运西瓜	1. 教师："圆圆的篮球像什么?"幼儿："西瓜!"教师："西瓜大丰收了,我们把西瓜运到筐子里去,注意西瓜不能掉地,掉地就摔坏了。" 2. 幼儿一列横队站在线上,从起点处的幼儿开始,将所有"西瓜"依次传递到终点的幼儿处,终点的幼儿将"西瓜"放进筐里。 3. 游戏要求:幼儿站在线上,脚不可移动,只能通过上身的转动接"西瓜"、传"西瓜";掉地的"西瓜"不可捡。 4. 休息、小结游戏情况,换方向再次游戏。 5. 改变站立的方向,所有幼儿呈一路纵队,排头的幼儿将"西瓜"举过头顶,后方幼儿从前面人的头顶接过"西瓜"放在自己头顶,如此传接,直到将所有"西瓜"都运到队尾的筐里。 6. 休息、小结游戏情况,换方向再次游戏。	 图 2	4	大	7
放松结束	1. 放松并总结。 2. 收拾器械,活动结束。	同图 1	1	小	2

活动 9　单手拍球——拍球高手

年 龄 班	小班下学期	类　别	重要器械
目　　标	1. 知道单手拍球的动作要领,会玩"拍球高手"的游戏。 2. 会单手连续拍球 5 个以上,发展拍球能力和手眼协调性。 3. 喜欢玩拍球的游戏,愿意和小朋友一起游戏。		
重 难 点	1. 小篮球球性。 2. 两只手都可以连续拍球 5 个以上。		
准　　备	物质准备:3 号小篮球若干。 经验准备:篮球球性。		

内　　容	进　　程	场　地	组次	负荷	时间(分钟)
热身准备	1. 一路纵队慢跑 100—150 米。 2. 常规热身:头颈、肩部、体侧、体转、膝盖、手腕、脚踝、跳跃。 3. 专项准备:托球、头部绕球、腰部绕球、膝盖绕球。 图 1		1	中大	3
游戏: 小弹簧	1. 教师:"我们手里的小篮球跟弹簧一样会跳得很高,你们试一试,把它举高高,再松手,看一看能跳多高。" 2. 幼儿找空地玩游戏。 3. 休息,鼓励。 　教师:"接下来再试一试,小篮球跳起来之后,我们立刻抱住它,不让它再落地了。" 4. 幼儿游戏,教师巡回指导和帮助幼儿。	散点	2	中大	2
单双手拍球	1. 教师边示范边讲解:"刚才我们把球抱住后再放下,让它再弹起来,接下来我们试一试,用两只手连续拍它,让它上上下下地跳起来,就像这样!" 2. 幼儿找空地尝试双手拍球。	散点	2	中大	2

单双手拍球	3. 休息、小结。 　教师:"两只手拍球,小朋友们做得很好了,现在试一试两只手拍一次,一只手拍一次,再两只手拍一次,数一数能拍多少个。"	散点	2	中大	2
单手拍球	1. 教师:"现在我们来挑战一下一只手拍球,数一数能拍多少个。" 2. 幼儿找空地尝试单手拍球,教师巡回观察。 3. 幼儿示范,师幼小结动作要领:眼睛看着球,拍球的正上方,把球拍得跟肚子一样高。 4. 再次尝试。教师巡查指导,提醒不会一只手拍的小朋友可以两只手拍。	散点	2	中大	3
游戏:拍球高手	1. 幼儿找空地进行单手拍球,听到停止哨后立刻双手抱球,听到开始哨后继续拍球,比一比谁的反应快。 2. 要求:尽量一只手拍球,实在不会的可以单双手交替拍球,或者双手拍球。 3. 注意事项:教师逐渐增长开始哨者与停止哨音间隔的时间。	散点	1	大	3
放松结束	1. 放松并总结。 2. 收拾器械,活动结束。	同图1	1	小	2

活动 10　手足爬——小猴摘桃

年 龄 班	小班下学期		主　题	基本动作
目　　标	1. 学习手脚着地向前爬的动作,学玩"小猴摘桃"的游戏。 2. 在不同情境下完成手脚着地爬,增强四肢的协调性,保持身体平衡。 3. 在教师提醒下,能遵守游戏规则。			
重 难 点	1. 手脚着地爬行时眼睛向前看。 2. 手臂支撑身体爬行时能保持平衡。			
准　　备	物质准备:小猴子胸饰若干;软垫 4 块;有 30 度斜坡面的板;木梯子 2 个;各种水果小玩具若干;音乐等。 经验准备:会玩"小孩小孩真爱玩"的游戏。			

内　　容	进　　程	场　　地	组次	负荷	时间 (分钟)
热身准备	1. 一路纵队慢跑 100—150 米。 　要求:一个跟着一个跑,跟上前面的小朋友。 2. 常规热身:头颈、肩部、伸展、下蹲、扩胸、腹背、脚踝、手腕、跳跃。 3. 专项准备:手臂、腰腹练习。	图1	1	中大	3
游戏:爱玩的小猴 (学习手脚着地爬的动作)	1. 幼儿尝试手脚着地爬,教师观察。 　教师:"小猴子是怎么走路的? 我们一起来学一学。" 2. 学习手脚着地爬的动作。 　请个别幼儿示范。 　教师指导动作要领:手脚着地一步一步向前爬,眼睛向前看。 3. 幼儿再次游戏,根据信号变换爬行速度。 　教师:"这次小猴子爬的时候要听妈妈的铃声,拍铃鼓就慢,摇铃鼓就快。" 4. 游戏:爱玩的小猴。(3 遍)	散点	3	中大	5

续　表

游戏:小猴摘桃(巩固手脚着地爬的动作)	1. 创设情境,教师介绍游戏。 　教师:"看,对面有好多桃树,我们一起去摘桃子吧。" 　介绍几条不同的路:斜坡路、软垫路、梯子路。 2. 幼儿游戏,教师指导动作。 　要求:爬行时眼睛看向前面,每条小路都试一试。手臂用力支撑身体,保持平衡。	 图 2	2	大	6
放松结束	1. 听音乐放松,重点放松手臂和腰腹。 2. 小结活动内容,收拾器械。	散点	1	小	2

活动 11 纵跳触物——摘果子

年 龄 班	小班下学期	主　　题	基本动作

目　标	1. 初步了解纵跳触物的动作要领,知道游戏"摘果子"的玩法。 2. 大多数幼儿能原地纵跳一定高度,会提肘摆动并能用手碰触到头顶上方的物体,动作比较协调。 3. 喜欢玩跳的游戏,初步体验纵跳触物后的成就感。
重 难 点	1. 原地纵跳中向上发力跳的方法。 2. 纵跳触物中能准确触到物品。
准　备	物质准备:水果、无纺布、篓子、音乐等。 经验准备:幼儿初步掌握双脚连续向前跳的基本动作。

内　容	进　　程	场　地	组次	负荷	时间(分钟)
热身准备	1. 一路纵队慢跑100—150米。 　要求:一个跟着一个跑,跟上前面的小朋友。 2. 常规热身:头颈、肩部、伸展、下蹲、扩胸、腹背、脚踝、手腕、跳跃。 3. 专项准备:正压腿、下肢练习。	图1	1	中大	3
游戏:铃儿响叮当(学习纵跳触物的动作)	1. 复习双脚跳。 　教师:"模仿小兔子一起跳跳跳,你们会怎么跳呢?" 　幼儿练习各种跳的方法。 2. 创设情境,初步尝试用原地纵跳的动作让布上的铃铛发出声音。 　幼儿尝试练习纵跳用头顶触碰悬挂的布。 　请个别幼儿示范。教师总结动作要领:弯腿、摆臂、用力向上跳。 　幼儿练习原地纵跳,添加手臂动作,用力向上摆臂。 3. 再次游戏,让布上的小铃发出声音。	图2	3	中大	6

游戏：摘果子（练习纵跳触物）	1. 创设情境，介绍场地和游戏材料。 　教师："那边挂了很多果子，我们一起跳起来去摘果子吧。" 2. 幼儿尝试摘果子，教师鼓励幼儿用力向上跳。 3. 个别幼儿示范摘果子，教师讲解动作要领：眼睛看好目标物，提肘摆臂触碰上方物体。 4. 集体游戏"摘果子"。（3遍）幼儿尝试在不同高度的区域摘果子。 　要求：一次摘一个果子，摘到后送到相应的篓子里。	图 3	3	大	5
放松结束	1. 听音乐放松身体，重点放松腿部和手臂。 2. 简单小结活动内容，师幼整理游戏材料和场地。	散点	1	小	2

活动 12   钻爬——小猫钓鱼

年 龄 班	小班下学期	主　题	基本动作

目　标	1. 尝试钻过 70 厘米高的障碍物,掌握低头、弯腰、屈膝、前移重心的动作要领。 2. 在钻的过程中身体尽量不触碰障碍物,提高身体的灵敏性和协调性。 3. 在游戏中完成小任务,体验成功的快乐。

重 难 点	1. 动作协调地钻过障碍物。 2. 钻的过程中不触碰障碍物。

准　备	物质准备:60 厘米、70 厘米高的拱门若干;一定高度的障碍线;鱼(水果)若干;音乐等。 经验准备:会依次轮流游戏。

内　容	进　程	场　地	组次	负荷	时间(分钟)
热身准备	1. 一路纵队慢跑 100—150 米。 　要求:一个跟着一个跑,跟上前面的小朋友。 2. 常规热身:头颈、肩部、伸展、下蹲、扩胸、腹背、脚踝、手腕、跳跃。 3. 专项准备:正压腿、蹲跳练习。	图 1	1	中大	3
游戏:小猫钻洞 (学习正面钻的动作)	1. 幼儿尝试钻洞,教师观察。(提供 70 厘米高的拱门) 　教师:"小猫最喜欢钻洞了,这里有好几个洞,小猫们去试一试,注意不要和其他小猫撞到一起哦!" 2. 学习正面钻的动作。 　请个别幼儿示范。 　教师小结动作要领:低头、弯腰、屈膝、前移重心,通过障碍物。 3. 幼儿再次游戏,教师指导幼儿动作。(增加 60 厘米高的拱门) 　教师:"这次钻洞的时候要注意,不要碰到门哦! 不同的山洞都去试一试。"	图 2	3	中大	5

续　表

游戏:小猫 钓鱼 (丰富游戏 情境,巩固 钻的动作)	1. 创设情境,认识场地,了解游戏玩法。 　　教师:"看,前面晒了好多小鱼,小猫们一起 　　去钓鱼吧。" 2. 请一名幼儿示范游戏玩法。 　　要求:钻过洞,走过独木桥,跳起来钓鱼。 　　重复游戏多次,可以选择不同的路线。 3. 幼儿游戏 2—3 遍,教师指导。	图 3	2	大	6
放松结束	1. 听音乐放松身体,重点放松腿部。 2. 小结活动内容,收拾器械。	散点	1	小	2

活动 13　足球球性 2——放鞭炮

年 龄 班	小班下学期	类　　别		重要器械		
目　　标	1. 复习足球球性 1，学习足球球性 2；会用小足球玩"放鞭炮"的游戏。 2. 在游戏中尽量不用手触球；发展下肢的协调性和力量。 3. 喜欢玩足球游戏；在提醒下遵守游戏规则。					
重 难 点	1. 足球球性 2。 2. 大力踢球时能听到两个响声。					
准　　备	物质准备：3 号小足球若干，空白墙壁一面。 经验准备：了解基本的足球球性。					
内　　容	进　　程	场　　地		组次	负荷	时间 (分钟)
热身准备	1. 一路纵队慢跑 100—150 米。 2. 常规热身：头颈、肩部、体侧、体转、膝盖、手腕、脚踝、跳跃。 3. 足球小知识：认识脚内侧、脚外侧、脚背内侧、脚背外侧、脚背。	图 1		1	中大	3
复习 足球球性 1	1. 复习足球球性：拖球、拨球、踩球。 2. 要求：尽量不用手触球，适当加快速度。	同图 1		1	中大	1
学习 足球球性 2	1. 夹球跳：双脚内侧夹球，原地夹球跳，尽量让球不掉落。熟练之后尝试夹球向前跳。 2. 仰卧夹球举腿：平躺在地上，双脚内侧夹球，缓慢将球举起，再慢慢放下，多次练习，尽量保持球不掉落，中途可调整球的位置。 3. 头顶球：将球向正上方抛，下落时用额头顶球。 4. 幼儿展示。	同图 1		1	中大	2

球性游戏： 放鞭炮	1. 幼儿呈一列横队站在一面空白的墙前面,距离 3 米左右。 2. 听到哨音后原地大力踢球,将球踢向墙壁,比一比谁踢的球发出的声音最大。 3. 幼儿示范,教师讲解踢球的部位——正后方;脚的部位——脚尖;支撑腿的站位——球的侧后方。 4. 再次游戏 3—4 次。 5. 教师示范摆动腿踢球发力的方法:弯曲后迅速摆动,脚尖对准球,要能听到两个响亮的声音。第一声是脚接触球,第二声是球撞击墙壁。鼓励幼儿大力踢球,比一比谁的"鞭炮声"最响。 6. 再次游戏 3—4 次。	 图 2	3	大	7
放松结束	1. 放松并总结。 2. 收拾器械,活动结束。	同图 1	1	小	2

活动 14　守门——我是守门员

年 龄 班	小班下学期		类　　别		重要器械	
目　　标	1. 知道守门员的重要性,知道当好守门员的方法。 2. 用手或者脚挡住滚来的足球,发展身体的协调能力。 3. 喜欢玩足球游戏,在提醒下遵守游戏规则。					
重 难 点	1. 守住球门的方法。 2. 球速很快时依然能守住球门。					
准　　备	物质准备:3 号小足球若干,障碍桶若干。 经验准备:了解足球球性。					
内　容	进　程		场　地		组次	负荷	时间(分钟)
热身准备	1. 一路纵队慢跑 100—150 米。 2. 常规热身:头颈、肩部、体侧、体转、膝盖、手腕、脚踝、跳跃。 3. 足球球性:拖球、拨球、踩球。 4. 介绍角色:守门员。		图 1		1	中大	3
游戏:我是守门员(第一关)	1. 将幼儿分成六路纵队,站在起点线后,在距离起点线 3 米左右放置 2 个标志桶充当球门,标志桶间距 2 米。(场地图以一路纵队为例) 2. 依次从小排头开始担当守门员角色,剩下的幼儿依次在起点线处,将足球滚向球门,守门员要用手或者脚将球拦下,比一比,哪个守门员拦下的球最多。 3. 休息、小结,守住球门的方法:眼睛看着球,双手提前伸出来,跟着球移动。 4. 轮流当守门员,多次游戏。		图 2		2	中大	5

注:表格中"内容""进程""场地""组次""负荷""时间(分钟)"为表头。

续　表

游戏:我是守门员(第二关)	1. 队形同上,组织方法同上,将射门方式改成踢球。 2. 比一比,哪个守门员拦下的球最多。 3. 将"球门"向后移动 2 米,再次轮换角色进行游戏。	图3	2	大	3
游戏:我是守门员(第三关)	1. 将上轮游戏中选出的"优秀守门员"请出,依次来当本次游戏的守门员。 2. 教师来射门。 3. 注意事项:教师只踢地滚球,球速不要快,可以有角度射门或者假动作射门。 4. 鼓励其他幼儿来当守门员,进行师幼互动游戏。	图4	3—4	中大	2
放松结束	1. 放松并总结。 2. 收拾器械,活动结束。	同图1	1	小	2

活动 15　侧滚——炸薯条

年 龄 班	小班下学期	类　别	基本动作

目　标	1. 初步了解侧滚的动作,学习游戏"炸薯条"的玩法。 2. 能滚得直、滚得快,动作比较协调。 3. 愿意和小朋友一起游戏。

重难点	1. 学习侧滚动作。 2. 能滚直,并在滚直的基础上滚得快。

准　备	物质准备:彩虹伞、体操垫、音乐。 经验准备:幼儿已会玩跳垫子、爬垫子、钻垫子等游戏。

内　容	进　程	场　地	组次	负荷	时间(分钟)
热身准备	1. 情景导入。教师:"今天我们来玩炸薯条的游戏。小薯条们,现在我们一起跑一跑,看看炸薯条用大的盆和锅。" 教师带领幼儿绕垫子快、慢交替跑100米。 2. 常规热身:头颈、肩部、扩胸、腹背、膝盖、手腕、脚踝、跳跃。 3. 专项准备:柔韧拉伸练习。	图1	1	大	3
游戏:洗薯条	1. 情景导入。教师:"小薯条们,我们一起来洗一洗,洗干净再去炸薯条。找到空的地方躺下,侧着滚过来,再滚过去。" 幼儿玩侧滚游戏,在大彩虹伞上找空的地方自由"侧滚"。 教师注意观察幼儿的动作和游戏情况,提醒幼儿左右侧滚。 2. 交流分享,请幼儿示范"侧滚"。 3. 教师示范正确侧滚的动作,同时总结侧滚的动作要领:一坐、二躺、三滚。 4. 情景导入。教师:"小薯条洗干净了,现在晾一晾,晾干了要去炸薯条了。"幼儿在彩虹伞上自由"侧滚",教师引导幼儿用力滚起来。	彩虹伞 图2	2	中大	3

续　表

游戏：裹薯条	1. 情景导入。教师："我们要裹上面包糠再去炸薯条,这样薯条更香更脆,注意要裹快一些,身体直直地滚来滚去,才会裹得多多的。" 2. 幼儿在垫子上练习侧滚动作,在标记板处坐下、躺下,侧滚到边上停下来再侧滚回来站起来从旁边走到队尾,下一个小朋友继续游戏。 3. 交流分享。教师："想要滚得快,身体是直直的还是弯弯的?" 4. 幼儿再次练习又直又快地侧滚。	图 3	2	大	4
游戏：炸薯条	1. 情景导入。教师："我们来玩炸薯条的游戏。"幼儿分成四路纵队,每队前方有 3 张垫子连在一起。从排头开始先跑到垫子处,用侧滚的方法让"薯条"在"油锅"里"炸"一下,起来之后返回到起点,下一名幼儿继续,看哪组先完成。(先完成的表示"薯条"又香又脆,时间长的表示"薯条"已经老了,不好吃了) 2. 幼儿游戏,教师引导幼儿身体躺直、用力快快侧滚。 3. 交流小结:侧滚时尽量用力,滚直滚快。 4. 幼儿再次游戏。	图 4	2	大	3
放松结束	1. 集中放松:教师带领幼儿进行放松活动。 2. 师幼整理物品。	散点	1	小	2

活动 16　下手投准——喂动物

年 龄 班	小班下学期	主　题	基本动作

目　　标	1. 初步掌握下手投物的动作要领,会玩游戏"喂动物"。 2. 能投物进指定区域,发展手臂力量以及动作的协调性。 3. 愿意参与游戏,体验投物成功后的快乐。

重 难 点	1. 下手向前方目标区域投物。 2. 投物进指定区域。

准　　备	物质准备:贴有动物图案的垫子;纸箱、圈、沙包、纸球、橡筋球;音乐等。 经验准备:幼儿有双手向上、向前抛物的经验。

内　　容	进　　程	场　　地	组次	负荷	时间 (分钟)
热身准备	1. 一路纵队慢跑 100—150 米。 　要求:一个跟着一个跑,跟上前面的小朋友。 2. 常规热身:头颈、肩部、伸展、下蹲、扩胸、腹背、脚踝、手腕、跳跃。 3. 专项准备:手臂伸展练习。	图 1	1	中大	2
游戏: 喂草地上的动物 (初步感知下手向前投物的动作)	1. 观察游戏场地,了解游戏玩法。 　教师:"草地上有很多小动物,我们把好吃的食物喂给它们吃吧。" 2. 幼儿尝试给垫子上的"小动物"喂食,即将"食物(沙包)"投向垫子。 3. 师幼讨论喂食的方法,请部分幼儿示范下手投物。 　动作要领:单手从下往前投物,眼睛看好目标位置。 4. 幼儿再次游戏,教师指导动作。	图 2	3	中大	3

续　表

游戏： 喂圈里的 动物 （进一步 尝试单手 向指定区 域抛物的 动作）	1. 介绍材料的变化,明确新的游戏规则。 　教师:"有的小动物在家里,我们也给它们喂 　些好吃的食物吧。" 2. 幼儿练习下手投物进圈,教师观察幼儿 　动作。 　教师提醒幼儿眼睛看好圈的位置,红圈、黄 　圈里的小动物都喂到。 3. 幼儿分组练习,每次连续喂 3 个食物。 　集中观察投进圈里的食物,请个别幼儿示范。 　小结动作要领:距离远,用力投;距离近,轻 　轻投。 4. 幼儿再次集体练习。	图 3	2	大	5
综合游戏： 喂池塘里 的动物 （巩固 单手抛物 进不同区 域的动作）	1. 观察游戏场地,发现新游戏。 　教师:"池塘里的小动物也需要食物,我们怎 　样才能把食物投进去呢? 一起试试看。" 2. 幼儿走过不同的小路,用下手投的方法将 　"食物"投进纸箱或圈中。 　动作要领:眼睛看好目标,根据距离远近调 　整用力大小。 3. 根据幼儿的游戏情况,进行小结反馈。 　部分幼儿示范动作,教师指导。 4. 幼儿交换场地,再次游戏。	图 4	3	大	6
放松结束	1. 总结活动要点。 2. 听音乐放松身体,重点放松手臂。 3. 收拾整理器械。	散点	1	小	2

附:复习测评 表4 小班下学期幼儿体育发展评价方案

评价目的	了解幼儿基本动作的发展情况,以便在活动中制订科学的活动方案,有针对性地进行指导,促进幼儿身体素质的发展。				
动 作	水平一	水平二	水平三	水平四	水平五
钻 爬	会正面钻,但不能较好地弯腰缩紧身体;爬时动作缓慢,上下肢不协调,有同手同脚现象。	除协调地掌握手膝着地爬动作以外,能进行手脚着地爬,爬行速度慢。	会侧面钻的动作,但腿和躯干动作不协调;会不同方式的爬;动作不够优化,距离掌握不准;爬行速度较快,可以熟练爬越较低障碍;可以协调匍匐爬行。	准确判断障碍距离,钻洞时动作优化;手脚爬速度快,动作协调;钻爬中快速改变方向。	
单脚跳	**摆动脚在体前** 非支撑腿的大腿置于身体前面,与地面成水平线的位置,身体垂直,手臂处于肩部位置。	**摆动脚在支撑腿的侧面** 非支撑腿的膝关节弯曲在前面,而且摆动脚后于支撑腿,身体稍微前倾,手臂两侧摆动,保持平衡。			
抛	**全身用力** 掌心向上,伸直手臂做准备;活动范围小,依靠全身向上的力量。	**双手抛球** 能通过摆动双臂将球抛起,双手用力均匀,力量和方向不能控制。	**摆臂用力** 通过有效的摆臂,双手均匀用力将球抛起,抛一定高度。	**手腕用力** 摆臂,腕部用力向上抛起,能调节抛起的高度和方向。	**曲臂** 曲臂胸前抛球,能自如地控制方向和高度。
测评方法					
钻 爬	◆ 场地设拱门和便于爬行的垫子,垫子摆放成弯曲的路线。◆ 幼儿测试2次,用不同的方法钻过拱门,爬过垫子。◆ 3名教师观测,1名教师在起点,2名教师分别在拱门和垫子旁观测并登记幼儿的动作发展情况。				
单脚跳	◆ 测试2次,取高值。◆ 起点与终点相距5米。◆ 3名教师观测,1名教师看起点,2名教师观测并登记幼儿的动作发展情况。				
抛	◆ 抛球测试3次。◆ 2名教师观测与登记幼儿的动作发展情况。				

表 5　小班下学期幼儿发展评价记录表

评价时间				评价班级				评价人				
发展情况　　　内容与标准												
	钻爬				单脚跳				抛				
幼儿姓名	水平一	水平二	水平三	水平四	水平一	水平二	水平三	水平四	水平一	水平二	水平三	水平四	水平五

第三节　经典体育游戏

活动 1　老鹰捉小鸡

游戏介绍

"老鹰捉小鸡",俗称"黄鹂吃鸡",又叫"黄鼠狼吃鸡",是一种多人参加的益智娱乐游戏,在户外或者是有足够空间的室内都可以进行。玩"老鹰捉小鸡"的游戏,可以发展幼儿动作的灵敏性和协调能力,培养幼儿的合作意识,让幼儿在游戏中学会交往、合作、遵守规则等,促进幼儿团结、友爱、和谐、调合等社会性的发展,培养幼儿机智、勇敢、坚韧、顽强的品质。

游戏准备

1. 物质准备:老鹰、母鸡的头饰。
2. 经验准备:幼儿有玩躲闪游戏的经验。

游戏玩法与规则

玩法一

两位老师分别扮演老鹰和母鸡。幼儿扮演小鸡,一个拉着一个的衣服躲在鸡妈妈的身后。老鹰要突破鸡妈妈的防线,抓住最后面的小鸡。鸡妈妈要张开手臂,左右移动,拦住老鹰不让其抓到身后的小鸡。老鹰一旦突破防线,抓到最后的小鸡,就算老鹰赢了。被抓住的小鸡暂时停止游戏,到场地边休息,被关进"鸡笼"。一开始小鸡的数量可以是 3—5 个,后面逐渐增加人数。

玩法二

基本游戏方法同玩法一,不同的是,在游戏的过程中,增加鸡妈妈保护小鸡的情节。当老鹰快要抓到小鸡的时候,鸡妈妈用口令"蹲下",带领小鸡们一同蹲下,老鹰就不能抓小鸡了。等老鹰离开,鸡妈妈再带领小鸡站起来,继续游戏。

玩法三

基本游戏方法同玩法一,不同的是,幼儿分组进行老鹰捉小鸡的游戏,6 人一组,商量谁做老鹰,谁做小鸡,分别佩戴好头饰,开始游戏。被抓到的小鸡,先到场边休息。规定时间内可以比一比,哪只老鹰抓到的小鸡多即获胜。下一轮游戏可以从被抓到的小鸡中选择一名幼儿当老鹰,游戏继续。

领域渗透

1. 艺术领域：活动前，教师可以和幼儿一同制作老鹰和母鸡的头饰，老师画好老鹰和小鸡的轮廓，幼儿进行装饰。

2. 科学领域：幼儿可以通过玩"马兰花"的游戏将幼儿进行分组，如6瓣花就是6人一组。

3. 社会领域：学会与同伴协商、分配角色进行游戏。

活动2　切西瓜

游戏介绍

"切西瓜"是深受幼儿喜爱的比较古老的跑圈游戏。在追逐跑的过程中，幼儿必须快速躲闪并做出反应。该游戏具有一定的挑战性和竞争性，还能激发幼儿创编的欲望，因为儿歌朗朗上口也比较好改编，幼儿可以迁移已有的生活经验进行创编，丰富儿歌内容，增加游戏的趣味性。另外，也可以将幼儿的队伍根据水果的形状进行变形，丰富跑的队形。还可以将游戏动作跑替换为跳、跨等，增加游戏的难度，锻炼幼儿的动作技能，促进幼儿的全面发展。

游戏准备

1. 物质准备：空旷的场地、合适的衣服和鞋。

2. 经验准备：幼儿已掌握跑的基本动作要领。

游戏玩法与规则

玩法一

幼儿手拉手围成一个圆圈，选1个幼儿当切西瓜的人，师幼共同有节奏地念儿歌："切、切、切西瓜，我把西瓜切两半！"与此同时，切西瓜的幼儿边走边挨个有节奏地在幼儿拉着手的地方做切西瓜的动作。儿歌念完，切西瓜的幼儿的手停在哪两个小朋友的中间，这两个幼儿就把手放开，沿着圈向相反的方向跑一圈后回到原位，先回来的幼儿与切西瓜的幼儿击掌，做下一个切西瓜的人，游戏继续。

玩法二

游戏前可调整幼儿的队伍，变成长长的哈密瓜或扁扁的橘子等。在游戏的过程中，幼儿可以创编儿歌的内容，如切橙子、切苹果等。切水果的幼儿可以不按顺序切，可以间隔在两个幼儿中间切，还可以在圈外跑动，让圈上幼儿猜测不到他要在哪两个幼儿中间停下，增加游戏的趣味性。

玩法三

基本游戏方法同玩法一，在游戏的过程中，切西瓜的幼儿可以改变儿歌的节奏，如"切、切、切西瓜，我把西瓜切两半！"念到"我把西瓜切"可以拉长音，多切几个幼儿，让幼儿无法预测切西瓜的幼儿在哪两个幼儿中间停止。游戏中也可以将跑的动作替换成双脚跳、单脚跳、跨大步等,发展不同的动作技能,增加游戏的趣味性。

领域渗透

语言领域:幼儿可以进行儿歌的创编,将儿歌中的切西瓜,创编成"切橙子""切苹果"等。

活动 3　马兰花

游戏介绍

"马兰花"是一个非常经典的民谣游戏,适合多人进行。马兰花的儿歌简单、韵律强,朗朗上口,符合幼儿的年龄特点。但如果只是机械反复地游戏,幼儿容易失去兴趣。为了激发幼儿的兴趣,可以将幼儿已有的数学经验融入其中,增加游戏的多样性和趣味性,也可以将儿歌中的马兰花替换成不同的花,提高幼儿的科学认知和语言表达能力。通常我们也会借用此游戏作为分组的依据,达到幼儿自由分组的目的。

游戏准备

1. 物质准备:空旷的场地,合适的衣服和鞋,数字卡片。
2. 经验准备:幼儿认识数字。

游戏玩法与规则

玩法一

划定一块区域,教师站在场地中间,幼儿在指定范围内自由走动,边走边念儿歌"马兰花、马兰花,风吹雨打都不怕,勤劳的人儿在说话,请你马上就开花,开几朵花?"教师说几朵花,几个小朋友就抱在一起,人数和教师说的数字一样的继续游戏,不一样的幼儿被淘汰。直至场内剩下一组幼儿,游戏重新开始。注意,数字控制在 5 以内。

玩法二

划定一块区域,幼儿推选一名幼儿做主持人,其他幼儿围绕在他的周围自由走动,边走边念儿歌,"马兰花、马兰花,风吹雨打都不怕,勤劳的人儿在说话,请你马上就开花,开几朵花?"主持人出示手里的数字卡片,幼儿根据卡片上的数字,自由组合抱在一起。人数和卡片上的数字一样的继续游戏,不一样的幼儿被淘汰。直至场内剩下一组幼儿,游戏重新开始。注意,数字控制在 5 以内。

领域渗透

1. 科学领域:进一步加强幼儿对数量的感知,可以增加点子卡片、数字卡片等内容,增加游戏性的同时,也进一步帮助幼儿感知数量,认识数字。

2.艺术领域:幼儿可以自己制作游戏卡片,如:画3个人,就是3个幼儿变成一朵花。

3.语言领域:可以创编儿歌,将儿歌中的马兰花替换成玫瑰花、杜鹃花等,丰富幼儿对花卉品种的认识。

活动4　老狼老狼几点了

游戏介绍

"老狼老狼几点了"是比较传统的儿童游戏,适合群体进行游戏,人越多越有意思。该游戏不受场地的限制,任何场地都可以开展此游戏。该游戏不仅能够锻炼幼儿的反应能力和体能,还能发展幼儿唱数的能力。

游戏准备

1.物质准备:空旷的场地、合适的衣服和鞋;老狼的头饰;数字卡片1—12。

2.经验准备:幼儿知道1—10的数序,认识数字。

游戏玩法与规则

玩法一

选择比较空旷的场地,在地上画一条线,当作幼儿的家。教师扮演老狼,戴上老狼的头饰。幼儿跟在老狼的身后走,一起问:"老狼老狼几点了?"老狼回头看向幼儿并回答:"1点了。"幼儿跟随老狼继续走,边走边问:"老狼老狼几点了?"老狼按顺序回答。当老狼说"天黑了",所有的幼儿都要向家的方向跑去,老狼转过身来抓幼儿,被抓到的幼儿到场地边上休息,即被抓进狼窝。到家的幼儿获胜。游戏继续。

玩法二

选择比较空旷的场地,在地上画一条线,当作幼儿的家。教师扮演老狼,戴上老狼的头饰。幼儿跟在老狼的身后走,一起问:"老狼老狼几点了?"教师回头看向幼儿并回答:"1点了。"幼儿跟随老狼继续走,边走边问:"老狼老狼几点了?"老狼按顺序回答。当老狼说"天黑了",所有幼儿都要向家的方向跑去,老狼转过身来抓幼儿,被抓到的幼儿变成老狼的同伴(戴上老狼的头饰),在下一次游戏的时候和老狼一起去抓其他的幼儿,老狼同伴的数量可以不断增多。

玩法三

选择比较空旷的场地,在地上画一条线,当作幼儿的家。一名幼儿扮演老狼,戴上老狼的头饰,其余幼儿跟在老狼的身后走,一起问:"老狼老狼几点了?"老狼回头出示手中的数字卡片,幼儿跟随老狼继续走,边走边问:"老狼老狼几点了?"老狼按数字从少到多的顺序跳着出示,不让幼儿猜出什么时候。当老狼出示12点的数卡时,所有幼儿都要向家的方向跑去,老狼转过身来抓幼儿,被抓到的幼儿变成老狼的同伴(戴上老狼的头饰),在下一次游戏的时候和老狼一起去抓其他的幼儿,老狼的数量可以不断增多。

领域渗透

1. 科学领域:进一步加强幼儿对数序的感知,从少到多按顺序或间隔出示卡片,可以用点子卡片、数字卡片进行游戏。

2. 艺术领域:可以自己制作老狼的头饰,可以设计不同形象的老狼,丰富游戏的趣味性。幼儿可以参与涂色。

3. 社会领域:可以培养幼儿勇敢、坚强不怕困难的精神。

活动 5　丢手绢

游戏介绍

"丢手绢",又叫"丢手帕",是我国传统的民间儿童集体游戏,不受场地限制,任何时间、任何地点,只需要一块手帕或替代手帕的小物件就可以开展游戏了。游戏的歌曲朗朗上口,耳熟能详,旋律轻快。一边唱歌曲一边玩游戏,是幼儿喜欢的方式。在游戏中幼儿能发展应变能力和身体的灵活性,通过在公共场合下大胆表现自己,提升自信心,促进乐观开朗、积极向上的性格养成。

游戏准备

1. 物质准备:空旷的场地、合适的衣服和鞋,手绢一块。
2. 经验准备:幼儿有绕圈追逐跑的经验。

游戏玩法与规则

玩法一

选择比较空旷的场地,所有幼儿手拉手围成一个大圆圈蹲下,用双手蒙住眼睛。教师做丢手绢的人,大家一同唱丢手绢的童谣:"丢,丢,丢手绢,轻轻地放在小朋友的后面,大家不要告诉他,快点快点抓住他,快点快点抓住他。"当童谣唱完的时候,教师将手绢丢在一名幼儿的身后,然后沿着圆圈快速跑向自己的位置,同时所有幼儿回头看自己的身后有没有手绢,如发现身后有手绢,赶紧站起来,去追丢手绢的人。如果没有追到,该幼儿表演节目;如果追到,丢手绢的教师表演节目。

玩法二

选择比较空旷的场地,所有幼儿手拉手围成一个大圆圈蹲下,用双手蒙住眼睛,一名幼儿做丢手绢的人,大家一同唱丢手绢的童谣:"丢,丢,丢手绢,轻轻地放在小朋友的后面,大家不要告诉他,快点快点抓住他,快点快点抓住他。"在唱童谣的过程中,丢手绢的幼儿会将手绢悄悄地丢在一名幼儿的身后,然后沿着圆圈快速跑向自己的位置,被丢手绢的幼儿发现身后有手绢,赶紧站起来,去追丢手绢的幼儿,如果没有追到,则该名幼儿就变成丢手绢的人,游戏继续。如果追到,丢手绢的人要表演一个小节目。

领域渗透

艺术领域:丢的手绢可以替换成幼儿自己制作的小球、黏土作品等,增加游戏的趣味性。幼儿学会唱《丢手绢》歌曲,在游戏中加入节奏感,能根据节奏的快慢进行走跑交替。

活动6　木头人

游戏介绍

"木头人"是中国传统的民间小游戏,讲究的是令行静止的能力。该游戏无须场地多大,没有人数的限制,幼儿围在一起,就能边念儿歌边开展游戏了。游戏中,幼儿要学会听口令保持静止的动作,不能受外界的干扰,不能说话,不能笑,还不能露出大门牙。同时,游戏也萌发了幼儿的规则意识,加强了幼儿心理活动的体验,增进了同伴间的情感,拉进了同伴间的心理距离。

游戏准备

1. 物质准备:空旷的场地,合适的衣服和鞋。
2. 经验准备:幼儿有用身体做不同造型的经验。

游戏玩法与规则

玩法一

选择比较空旷的场地,教师做抓人者。幼儿在指定的范围内自由走动,边拍手边念儿歌"我们都是木头人,拿起枪来打敌人,一不许动,二不许笑,三不许露出大门牙"。念到最后一个"牙"字时,幼儿摆一个姿势静止不动,教师在幼儿中走动,寻找动的、笑的、露出大门牙的幼儿。如幼儿违规,教师将幼儿请到场边,停止游戏一次或下一轮请该幼儿和教师一同做抓人者,寻找不像木头人的小朋友。当幼儿静止不动时,教师可以用各种方法(发出奇怪的声音、假装挠痒痒等)逗幼儿。

玩法二

选择比较空旷的场地,画一条起始线和一条终点线。一名幼儿站在终点,双手蒙眼背对起点站立,其余幼儿站在起点。当蒙眼幼儿说"一二三"的时候,其余幼儿可以快速自由地向蒙眼幼儿靠近,当蒙眼幼儿说"木头人"的时候,转过身体,其余幼儿不能动,直到他再次转头喊"一二三",其余幼儿才能恢复自由,谁先摸到蒙眼的幼儿谁获胜。在游戏过程中,如蒙眼幼儿转头发现有幼儿动,则动的幼儿出局。

玩法三

游戏同玩法二,增加一个环节,在游戏中被蒙眼人抓到的幼儿,站在蒙眼人的身边,每次被抓到的幼儿可以手拉手向起点处接成长龙,其余幼儿想办法解救被抓到的幼儿,碰到被抓幼儿身体的任何部位,该幼儿就被解救,可以继续参与游戏。另外,蒙眼幼儿可以不按节奏念"一二三,木头人",可以有时快有时慢。

领域渗透

　　1. 艺术领域:幼儿能控制身体,摆出不同的造型。

　　2. 语言领域:蒙眼幼儿不断变化语言的快慢,增加游戏的难度。其余幼儿根据口令做出不同的反应。

第四节　亲子体育游戏

 上学期

活动 1　我的身体最神气

材料

适合运动的衣服和鞋子。

游戏这样玩

玩法一：我说你做

家长说一个动作,幼儿来做。例如,家长说"变成电风扇",幼儿迁移已有经验将手放在肩上前后转动,家长引导幼儿快一点、再快一点或慢一点、再慢一点等;家长说"旋转的球",幼儿迁移已有经验,双手握成球,跟随家长的提示快快转、慢慢转。

玩法二：我做小老师

家长事先熟悉热身游戏操。幼儿做小老师,带领家长一起做游戏操,家长在旁进行提醒,共同喊节拍。

热身游戏操这样做

1. 头颈运动——点头摇头。教师:"抬头看看天、低头看看地、摇摇头。"

2. 肩部运动——电风扇。教师:"小手放在肩膀上变成电风扇转一转,快一点、再快一点,换个方向,慢一点……"

3. 体侧运动——随风摇摆的小树。教师:"伸直一只手臂,另一只手叉腰,变成一棵小树,风来啦,把树吹弯啦!"

4. 体转运动——旋转木马。教师:"双手弯曲放在胸前变成小木马,左转转,右转转。"

5. 膝盖运动——高人矮人。教师:"蹲下变成小矮人,站起来变成高人。"

6. 手腕运动——旋转的球。教师:"双手握紧变成球,转一转,快快转,慢慢转。"

7. 脚踝运动——小钻头。教师:"脚尖向下点地变成钻头,听老师的口令快慢交替转动脚踝。"

8. 跳跃运动——兔子跳。教师:"原地模仿小兔子跳一跳,小脚要轻轻落地哦,不能被大灰狼听到声音。"

活动 2 逛动物园

材料

用粉笔在地上画正方形、长方形、多边形等不同的路线。

游戏这样玩

玩法一:看看小动物

家长将小动物摆放在正方形的四个角,幼儿沿着正方形的四条边,踩着线走,走到一个角和一个小动物打个招呼。注意,可以更换不同的形状。

玩法二:给小动物照相

家长将小动物玩偶放在多边形的各个角,幼儿拿着父母的手机,沿着边走,走到一个小动物面前给小动物照一张照片。注意,可以更换不同的形状。

活动 3 摘果子

材料

果子若干,放在篮子里;两根绳子。

游戏这样玩

玩法一:比谁走得快

幼儿和家长一同摆放两根绳子,呈现不同的曲线。幼儿和家长各站在其中一根绳子的一端,按照绳子的走向快速走,比一比谁先到达绳子的另一端。

玩法二:摘果子

幼儿和家长一同摆放两根绳子,呈现不同的曲线,摆出 2 条不同的路线。一名家长,站在绳子的一端,手举水果,幼儿从另一端出发,按线的走向沿线快速向前走,走到终点跳起够家长手中的水果。幼儿根据家长站的位置选择相应的路线进行摘果子的游戏。游戏中,家长可以根据幼儿的能力不断调整水果的高度。

活动 4　送果果

材料

小凳子 6 张(高度 20 厘米以内),水果若干。

游戏这样玩

玩法一:过小桥

幼儿和家长将小凳子排成一排,变成小桥。幼儿双手打开,保持平衡,从凳子上平稳地走过。

玩法二:送果果

幼儿和家长将小凳子排成一排,变成小桥。从小桥的一端拿一个水果走过小桥,将水果送到桥对面的篓子里。

活动 5　小青蛙学本领

材料

报纸,小椅子、大椅子,小篮子 2 个,废纸做的小虫子,适合的鞋子。

游戏这样玩

玩法一:模仿小青蛙

寻找空地,在空地上摆放大小不一的报纸(可折叠)做的荷叶。家长和幼儿一起模仿小青蛙跳跃的姿势,双脚分开跳,落地蹲下,从一片荷叶跳到另一片荷叶上。

玩法二:小青蛙跳水

幼儿和家长模仿小青蛙从高低不同的椅子上跳下来。跳的时候注意"脚分开、手往前、要蹲下、喊声'呱'"。比一比哪只小青蛙站得稳。

玩法三:小青蛙捉害虫

布置小青蛙捉害虫的场景,家长和幼儿一同用报纸做一些小虫子,摆放在空地上,用大小不一的报纸(可折叠)做荷叶,摆放高低不同的椅子。家长和幼儿站在椅子上跳下,跳过荷叶,捉害虫,每次捉一只小虫,放在自己的篮子里,幼儿和家长比一比谁捉的虫子多。

活动 6   小老鼠学本领

材料

老鼠尾巴(布条)2 根。

游戏这样玩

玩法一:小老鼠比赛跑

游戏在户外进行,幼儿和家长站在同一起跑线上,比一比谁先跑到终点。提醒幼儿跑的时候鼻子吸气、嘴巴呼气,手臂前后摆动。

玩法二:猫捉小老鼠

游戏在户外进行。幼儿佩戴小老鼠的尾巴,模仿小老鼠,一名家长扮演大花猫,另一名家长发出信号,幼儿听信号做出相应的反应。如"大花猫睡觉了",幼儿快快地跑;"大花猫醒了",幼儿则跑到可以遮挡自己的地方。

活动 7   好玩的球

材料

球 2 个。

游戏这样玩

玩法一:拍球

幼儿和家长找空地拍球。可以先用双手拍球,将球竖直拍下后待球弹起,双手抱住。如幼儿能力较强,可以尝试单手拍球。

玩法二:抛球

幼儿持球和家长面对面站好,保持一定距离,你抛我接,我抛你接。

玩法三:滚球

幼儿持球和家长面对面蹲好,保持一定距离,你滚给我,我滚给你。可以利用小区里的坡道进行游戏,家长在斜坡上将球滚下,幼儿在斜坡下接住。

活动 8　抓老鼠

材料

篮球 2 个。

游戏这样玩

玩法一：托球

幼儿一只手托球，另一只手放在背后。幼儿将球缓慢托起直到手臂伸直，再将球缓慢移动到家长的手中，家长重复动作再转移到幼儿的另一只手。在这个过程中，保持掌心平稳，尽量不让球掉落。若掉落则重新开始。

玩法二：绕球

家长和幼儿共同游戏，将球分别围绕头、腰、膝盖等，利用手指的拨动，正转一圈，反转一圈，比一比谁的球不会掉落，谁就获胜。

玩法三：抓老鼠

幼儿和家长分别将球放在起点线前，双脚分开站在球的两侧。听到另一名家长的口令，两只手同时用力向前拨球，用最快的速度追上球并且把它按住。

活动 9　羊村保卫战

材料

小沙包、纸球若干；大纸盒，上面贴灰太狼的图片；绳子 4 根。

游戏这样玩

玩法一：看谁投得远

游戏在户外进行，地上放一根绳子作为起始线，前方 2 米、2.5 米、3 米处分别摆放一根绳子。幼儿和家长站在起点，向前投沙包和纸球，比一比谁投得远。

玩法二：看谁投得准

游戏在户外进行，地上摆放一根绳子作为起始线。距离起点 2 米处摆放大的贴有灰太狼图片的纸盒，幼儿和家长站在起点处向灰太狼投沙包或纸球，投中得 1 分，幼儿和家长比赛谁投中的次数多。

玩法三:打败灰太狼

　　游戏在户外进行,地上摆放一根绳子作为起始线。家长躲在纸盒后面,左右移动,引导幼儿用沙包或纸球去投灰太狼。灰太狼根据幼儿投中的情况,由近及远后退,不断增加难度。

活动 10　降落伞

材料

　　自制降落伞(用塑料袋、绳子、小玩偶制作),纸球、沙包。

游戏这样玩

玩法一:会飞的降落伞

　　幼儿和家长提前做好一个降落伞,找到空地,家长向上抛降落伞,幼儿接。进行一段时间后,幼儿自行抛降落伞,抛的时候手臂伸直,摆动手臂用力向上,手松开,家长接住降落伞。

玩法二:比比谁飞得高

　　幼儿和家长分别拿一个降落伞找到空地,听到口令后,一同向上抛,比一比谁抛得高,谁接得住。

玩法三:会飞的玩具

　　家长和幼儿在家里寻找可以飞的玩具,如沙包、纸球、毛绒玩具等。家长和幼儿一同探索让玩具飞得高的方法。

活动 11　小兔运食物

材料

　　奶粉罐、纸巾纸盒若干,小零食若干(放在篓子里),篓子 3 个。

游戏这样玩

玩法一:小白兔跳

　　家长和幼儿一同念儿歌"小白兔,白又白,两只耳朵竖起来,爱吃萝卜和青菜,蹦蹦跳跳真可爱",模仿小白兔跳。家长提醒幼儿"双腿弯一点,小脚轻轻落"。

玩法二:小白兔跳丛林

　　家长在场地上摆放奶粉罐(丛林),和幼儿一起绕着罐子连续双脚向前跳。

玩法三：小白兔跳土坡

家长和幼儿一同在场地上摆放纸巾盒（土坡），和幼儿一起连续双脚向前跳，遇到纸巾盒跳过。

玩法四：小白兔运粮食

家长和幼儿用奶粉罐、纸巾盒布置成丛林，在起点处摆放一点小零食，幼儿和家长从起点出发，拿一个小零食，连续双脚向前跳，跳到终点将零食放在自己的粮仓里，再跳回起点，重新开始，幼儿和家长比一比谁运的粮食多。

活动 12　好玩的球

材料

足球 2 个。

游戏这样玩

玩法一：我和球玩游戏

幼儿和家长找一块空地玩球，想出多种玩球的方法。如：踢球、滚球、抛球等多种不同的方法。

玩法二：踢球

幼儿和家长找一块空地，两人间隔 2—3 米，进行踢球游戏。

玩法三：夹球跳

幼儿和家长站在同一起点线后，每人双脚夹住一个球，从起点出发，夹球跳，比一比谁最先到达终点且球不掉。

玩法四：追球

家长持球将球滚出，幼儿快速追赶球，追到并抱住它。也可以利用小区里的坡道进行游戏，从斜坡滚球，幼儿追到球并抱住。

活动 13　踩老鼠

材料

足球 2 个。

游戏这样玩

玩法一:听话的"小老鼠"

幼儿和家长一人一个足球(小老鼠),先单脚轻轻踩在球上,前后踩着滚动球,左右拨动球,控制球运动的范围,尽量用脚控制"小老鼠",比一比谁的(小老鼠)最听话。玩一会,可以换只脚再次进行游戏。

玩法二:踩老鼠

幼儿和家长一人一个足球,将球轻轻踩在脚下。家长说"踩老鼠",幼儿和家长换一只脚,看谁能踩住老鼠,不让老鼠跑掉。

玩法三:疯狂的老鼠

幼儿和家长用脚将足球(小老鼠)向前踢,再快速跑过去用脚踩住小老鼠,比一比谁先踩到,谁踩得稳。

活动 14 风婆婆和小树叶

材料

无。

游戏这样玩

玩法一:风婆婆和小树叶

家长扮演风婆婆,幼儿扮演小树叶。风婆婆说"刮大风了",幼儿就快快跑;风婆婆说"吹小风"了,幼儿慢慢走;风婆婆说"风停了",幼儿就要蹲下来。

玩法二:扫落叶

幼儿和一名家长扮演小树叶,另一名家长扮演扫落叶的人。扫落叶的人扫到哪里,小树叶就要迅速跑到其他地方蹲下来,如果被抓住就要变成扫落叶的人。注意,扫落叶的人可以变化扫落叶的速度。

活动 15 找朋友

材料

小动物玩偶 3 个,3 个小动物爱吃的食物的卡片若干,碗 3 个,粉笔。

游戏这样玩

玩法一：打招呼

找一块空地，家长和幼儿一起布置场地，在不同的方向摆放不同的小动物。幼儿站在场地的一端。家长说："和小兔打招呼。"幼儿快速跑到小兔家，和小兔抱一抱，再次回到起点。根据家长的口令选择相应的小动物，跑过去和它打招呼。在幼儿跑的过程中，家长提醒幼儿眼睛看着小动物，小腿抬高大步跑，手臂前后自然摆。

玩法二：喂小动物吃

找一块空地，家长和幼儿一起布置场地，在不同的方向摆放不同的小动物，在场地的一端摆放这几个小动物爱吃的食物的卡片。幼儿每次拿一张卡片，找到对应的小动物，跑过去放在小动物的碗里，直到所有食物卡片都送完。

玩法三：找朋友

找一块空地，家长和幼儿一起布置场地，在不同的方向摆放不同的小动物，家长用粉笔在地上画出不同的路线，有直直的，有弯弯的。家长和幼儿分别给 3 个小动物送食物，比一比谁最先完成任务。

活动 16　小老鼠逛公园

材料

地垫、抱枕、玩具若干。

游戏这样玩

玩法一：灵活的小老鼠

幼儿和家长模仿小老鼠在地垫上手膝着地正面向前爬、倒退爬；根据另一名家长拍手节奏的快慢，快快爬、慢慢爬。游戏中可以在地垫上摆放一些抱枕（山坡），增加难度，引导幼儿爬过山坡。

玩法二：聪明的小老鼠

家长在地垫的四周摆放不同的玩具，妈妈说出玩具的名称，幼儿和爸爸快速判断玩具所在的位置，比一比谁先拿到玩具。

○ 下学期

活动 1　红绿灯

材料

红色、绿色的牌子,可以做方向盘的玩具,口哨。

游戏这样玩

玩法一:我是小司机

幼儿和家长手持方向盘,模仿司机开车。在小区里寻找各种地形(坡道、低矮的路牙等)玩开汽车的游戏,幼儿可以模仿汽车爬坡、过桥和绕障碍。注意,要在没有汽车通过的地段玩。

玩法二:红绿灯

找一块空地,幼儿手持方向盘站好,家长做交警,幼儿做司机,在场地上自由开车。交警出示红色的牌子,表示红灯,司机要立即停下。交警出示绿色的牌子,司机才能通行。幼儿游戏一段时间后,可再增加黄色的牌子,提醒幼儿减速,马上就要变红灯了。

玩法三:听信号开车

找一块空地,幼儿手持方向盘站好,一名家长做交警,幼儿和另一名家长做司机。红绿灯坏了,交警用吹口哨的方式告知司机什么时候开车,什么时候停车。两声哨声表示红灯,一声哨声表示绿灯。两名司机从起点开始开车,根据哨声做出相应的反应,比一比谁先到达终点。过程中交警提醒两名司机遵守游戏规则。

活动 2　小鸡送礼物

材料

3 只不同颜色的小鸡,玩具若干,红色、黄色、绿色的圈各 4 个。

游戏这样玩

玩法一:小鸡小鸡真爱玩

在小区找一块空地,幼儿模仿小鸡,和家长玩"小鸡小鸡真爱玩"的游戏。家长说"小鸡小鸡,真爱玩,摸摸这,摸摸那,摸摸大门跑回来",幼儿听到信号摸摸相应的东西跑回来。家长可以根据小区里的具体设施提供相应的信号。

玩法二:小鸡送礼物

幼儿和家长在空地上摆放红色和黄色的圈。一名家长和幼儿手拿小鸡,围着圈的外围走。另一位家长发出指令,如"送小鸡回红色的家",幼儿听到指令即将小鸡送到相应颜色的圈里。

玩法三:

幼儿和家长找一块空地,在不同的方向摆放不同颜色的小鸡,在小鸡的前面摆放一些玩具。家长发出信号,幼儿根据家长的提示,给小动物送玩具。如:到小白鸡家拿一个玩具,送给小黄鸡;到小黄鸡家拿两个玩具,一个送给小白鸡,一个送给小花鸡等。游戏中家长根据幼儿的反应不断调整指令。

活动 3　小兔种蔬菜

材料

两根跳绳,矿泉水瓶,2 个篓子,各种蔬菜玩具。

游戏这样玩

玩法一:小白兔晒太阳

幼儿和家长一同模仿小兔子,在空地上跳一跳,跳的过程中,家长提醒幼儿"小手摆一摆,两腿一弯,向前轻轻地跳"。

玩法二:小兔子学跳远

幼儿和家长用两根跳绳摆放成一条小河,宽度控制在 20—25 厘米。家长和幼儿一同跳过小河,可以先尝试跳过窄一点的小河,再跳过宽一点的小河。家长根据孩子的能力还可以适当调整小河的宽度,注意提醒小朋友跳的时候"小手摆一摆,两腿一弯,向前轻轻地跳"。

玩法三:小兔子种蔬菜

幼儿和家长将两根跳绳摆放成一条小河,宽度控制在 20—25 厘米,在空地摆放一些圈当作陷阱,矿泉水瓶子做小树林。小河的一边放一些蔬菜玩具。家长和幼儿拿一个蔬菜,跳过小河和陷阱,绕过小树林,将蔬菜种在小河的另一端。比一比谁种的蔬菜多。游戏中家长根据孩子的能力还可以适当调整小河的宽度。

活动 4　占圈钻圈

材料

红圈、绿圈多个。

游戏这样玩

玩法一：玩圈

幼儿和家长一人拿一个圈，找一个空地自由玩，玩的过程中，家长可以有意识地引导幼儿玩跳圈、钻圈等游戏。家长引导幼儿跳进圈里，再用双手把圈从腿套到头上拿出，也可以将圈从头上套，从脚下拿出。

玩法二：找圈圈

幼儿和家长在空地上摆放红色和绿色的圈，一名家长和幼儿围着圈的外围走，另一名家长发出指令。家长说"红圈"，幼儿和家长就要快速找到红色的圈。家长提醒幼儿听清楚颜色。

玩法三：占圈钻圈

幼儿和家长在空地上摆放红色和绿色的圈，一名家长和幼儿围着圈的外围走，另一名家长发出指令。家长说"绿圈"，幼儿就要快速找到绿圈，将圈从头往下，整个身体钻过去，再找到下一个绿色的圈钻过去，最先钻完所有绿色圈获胜。

活动 5　我来帮助你

材料

空旷的场地，适合运动的服装和鞋子，各种颜色的纸，大纸盒。

游戏这样玩

玩法一：我会跳跳跳

幼儿和家长在空地上自由地跳跳跳，尝试多种跳法，如双脚向前连续跳，向后跳，单脚跳等。

玩法二：找房子

找一块空地，幼儿和家长将不同颜色的纸放在地上。一名家长和幼儿在空的地方模仿小兔子双脚跳。另一名家长放音乐，在音乐停的时候，说："小兔子跳到红颜色的家里。"幼儿和家长找到红颜色的纸跳上去。

玩法三：我来帮助你

找一块空地，距离起点 2.5 米放一个纸盒（做医院）。幼儿模仿小兔子单脚跳，脚被虫咬了，单脚跳到医院，如幼儿在单脚跳的过程中遇到困难，一名家长可以模仿大兔子牵着小兔子，帮助他单脚跳到医院。

活动 6　小老鼠运果子

材料

凳子、矿泉水瓶子、3 种颜色的海洋球若干,3 个有颜色标记的篓子。

游戏这样玩

玩法一:小老鼠过小桥

幼儿和家长将家里的凳子拼接成小桥,幼儿扮演小老鼠,走过小桥。如幼儿遇到困难,不敢走过小桥,家长可以在边上搀扶或保护幼儿,增强幼儿的胆量。

玩法二:小老鼠运果子

幼儿和家长将家里的凳子拼接成小桥,可以改变小桥的方向。在小桥的一头摆放海洋球,另一头放篓子,幼儿拿一个海洋球,走过小桥将其送到桥的另一头,按照颜色将海洋球放在不同的篓子里。

活动 7　迷迷转

材料

红色、黄色、绿色的圈各一个,颜色标记。

游戏这样玩

玩法一:迷迷转

幼儿和家长一同念儿歌"迷迷转,迷迷转,大风停了快快站",当念到"站"时,幼儿和家长就停住。游戏的过程中,家长可以不断地调整念儿歌的速度。

玩法二:躲猫猫

幼儿和家长在场地上摆放红色、黄色、绿色的圈,一同念儿歌"迷迷转,迷迷转,大风停了快快站",当念到"站"时,幼儿和家长找到一个圈站好。游戏几次后,增加颜色标记,当念到"站"时,家长出示颜色标记,幼儿根据颜色标记找到相应颜色的圈站好。

活动 8　运西瓜

材料

篮球若干个。

游戏这样玩

玩法一：拨球

幼儿和家长各拿一个篮球。双脚分开，比肩略宽，站在球的正后方，双手掌心相对，轻轻拨动球，将球从一侧手掌拨到另一侧，多次拨球，尽量让球始终在两手之间滚动。

玩法二：绕球

幼儿和家长各拿一个篮球。两脚分开，比肩略宽，将球放在一条腿的膝盖上绕一圈，再到另一条腿的膝盖上绕一圈，尽量让球不掉地，反过来再绕一次。

玩法三：运西瓜

幼儿和爸爸妈妈站成一排，脚不可移动，只能通过上身的转动接"西瓜"传"西瓜"，掉地的"西瓜"不可捡。看看能运多少个西瓜。

活动 9　拍球高手

材料

篮球 2 个。

游戏这样玩

玩法一：小弹簧

家长和幼儿人手一个篮球，双手握住篮球，将它举得高高的，再松手，篮球跳起时，双手抱住。

玩法二：双手拍球

幼儿双手将球抱住后向下拍，球弹起来的时候，双手接住，再向下拍，弹起再拍下去。在幼儿熟悉后，家长可以和幼儿一同练习，家长双手将球弹在地上幼儿接住，幼儿双手将球弹在地上家长接住。

玩法三：单手拍球

幼儿尝试单手拍球，在拍球时，家长提醒幼儿眼睛看着球，拍球的正上方，把球拍得弹起来跟肚子一样高。幼儿练习一段时间后,家长和幼儿可以进行比赛。

活动 10 小猴摘水果

材料

软质地面,低矮的小凳子、沙发等,水果玩具。

游戏这样玩

玩法一:灵活的小猴

幼儿在家里的地上模仿小猴手脚着地爬,家长用拍手的方式提醒幼儿快快爬、慢慢爬。如家长拍手拍得快,幼儿就爬得快;拍得慢,幼儿就爬得慢。游戏中提醒幼儿手脚着地爬,膝盖不接触地面。

玩法二:小猴小猴真爱玩

幼儿与家长一起玩"小猴小猴真爱玩"游戏。家长说儿歌,幼儿做动作,如家长说"小猴小猴真爱玩,摸摸这,摸摸那,摸摸电视机爬回来",幼儿模仿小猴爬到电视机前面,摸摸电视机再爬回来。家长可以根据家里的实际情况选择相应的物品替换到游戏中。

玩法三:小猴摘水果

幼儿和家长利用家里现有的凳子、沙发等,创设森林的场景,将水果玩具撒落在幼儿卧室的地面上,幼儿从客厅出发,模仿小猴爬过凳子、沙发等,到卧室摘水果。

活动 11 摘果子

材料

水果玩具,悬挂在门上,铃铛,3 个水果篮。

游戏这样玩

玩法一:铃儿响叮当

两位家长手拿布,上面摆放小铃铛,幼儿模仿小兔子跳,站在布的下面,尽量向上跳,用头触碰布,尽量让铃铛发出声音。在幼儿跳的过程中,家长提醒幼儿弯腿、摆臂、用力向上跳。

玩法二:摘水果

家长将绳子系在门框上,绳子另一头拴上夹子,将水果玩具夹在夹子上,挂得高低不同。幼儿跳起摘下水果。提醒幼儿眼睛看好目标物、提肘摆臂向上跳,抓住水果拽下来,将水果分类放进不同的果篮里。家长可以根据幼儿的情况调整水果的高度。

活动 12　小猫钓鱼

材料

棍子 1 根,鱼干(将硬纸壳剪成小鱼的形状)。

游戏这样玩

玩法一:小猫钻山洞

两位家长各持棍子一端分开站,变成山洞。幼儿扮演小猫,钻山洞。钻的过程中,家长可以根据幼儿的能力调整山洞的高低,提醒幼儿低头、弯腰、屈膝,不要碰到山洞的顶。

玩法二:小猫钓鱼

把客厅到卧室的空间布置成丛林探险的路线。家长将小鱼干悬挂在门框上,用夹子夹住小鱼干,将小凳子拼接成小桥。两位家长各持棍子一端分开站,变成山洞。幼儿扮演小猫,爬过小桥,钻过山洞,找到小鱼干,跳起来摘下小鱼干。

活动 13　放鞭炮

材料

足球 2 个。

游戏这样玩

玩法一:好玩的足球

幼儿和家长各拿一个足球,玩一玩足球。可以夹球跳,从同一起点出发向终点跳,跳的过程中球不掉落的获胜;也可以将球向上抛,尝试用头顶球;还可以躺在地垫上,用双脚内侧夹球,缓缓将球夹起来。

玩法二:放鞭炮

在小区里寻找一面空墙,可以进行踢球游戏。幼儿和家长站在距离墙 3 米左右的位置。幼儿和家长大力将球踢向墙面,能听到"砰砰"两声,就像放鞭炮的声音。家长提醒幼儿迅速弯曲腿部摆动、脚尖对准球,大力踢出。

活动 14　我是守门员

材料

矿泉水瓶子 2 个,足球 1 个。

游戏这样玩

玩法一:我是守门员 1

将 2 个矿泉水瓶子分开摆放做球门,家长做守门员,幼儿在距离球门 3 米的位置站好,将足球滚向球门,守门员用手或者脚拦住球。玩了 3 次后,家长和幼儿交换位置,幼儿来做守门员,拦住家长踢过来的球。

玩法二:我是守门员 2

将 2 个矿泉水瓶子分开摆放做球门,家长做守门员,幼儿在距离球门 3 米的位置站好,用脚踢球射门,守门员用手或脚拦住球。游戏 3 次后,家长和幼儿交换角色进行。比一比谁拦球的次数多。

活动 15　炸薯条

材料

地毯或地垫,碎的纸屑。

游戏这样玩

玩法一:洗薯条

幼儿和家长在地毯上找一个空位置躺下,左右侧滚,滚过来再滚过去。家长提醒幼儿一坐、二躺、三滚。

玩法二:裹薯条

家长将碎纸屑(当面包糠)撒在地毯上,幼儿从地毯的一端侧滚到另一端。提醒幼儿身体直直地、快快地滚,面包糠才能粘得多。

玩法三:炸薯条

幼儿和家长脚对脚共同躺在起点,用侧滚的方法,快速地从一端滚到另一端。先滚到终点的表示"薯条"又香又脆,后滚到终点的表示"薯条"已经老了。

活动 16　喂动物

材料

贴有小动物图片的地垫,圈(红色、黄色若干),纸箱,沙包,纸球、弹力球等。

游戏这样玩

玩法一:喂草地上的小动物

幼儿和家长一同看看地垫上有哪些小动物,拿沙包喂给小动物吃。家长提醒幼儿从下往上投物,眼睛看好目标位置。比一比谁喂的小动物多。

玩法二:喂圈里的小动物

幼儿和家长共同布置场地,红色的圈近一点,黄色的圈远一点,圈里摆放小动物的图片。幼儿和家长将沙包投进圈里,红色圈里的小动物和黄色圈里的小动物都要喂到。喂小动物的过程中,家长提醒幼儿眼睛看好目标,给远一点的小动物喂食时要用力大一点,近一点的小动物要用力小一点。

玩法三:喂池塘里的小动物

幼儿和家长共同将纸箱布置成池塘,站在池塘的周围,将纸球、弹力球等当作食物投给池塘里的小动物。家长根据幼儿投的情况调整纸箱的远近。